PATRICIA BR

FALANDO DE GRANA

UM GUIA PARA PAIS

PATRICIA BROGGI

FALANDO DE GRANA

UM GUIA PARA PAIS

Este livro segue as normas do novo ACORDO ORTOGRÁFICO

PANDA BOOKS

Para três mulheres:

Minha mãe, que me ensinou os verdadeiros valores – inclusive o do dinheiro.

Minha irmã Fabíola, porque me deu as melhores lições de como economizar dinheiro e gastar amor.

Mônica Figueiredo, por sempre acreditar em mim, inclusive apostando que eu poderia escrever sobre este assunto.

Diretor editorial
Marcelo Duarte

Coordenadora editorial
Tatiana Fulas

Assistente editorial
Vanessa Sayuri Sawada
Juliana Paula de Souza

Assistente de arte
Alex Yamaki

Projeto gráfico e capa
Luiza Ruberti

Ilustrações
Nelson Provazi

Foto de capa
Mike Kemp/ Rubberball/ Latinstock

Preparação
Ana Paula Zannah

Revisão
Telma Baeza
Otacilio Nunes

Impressão
Bartira

CIP – BRASIL. CATALOGAÇÃO NA FONTE
SINDICATO NACIONAL DOS EDITORES DE LIVROS, RJ

B884f

Broggi, Patricia
Falando de grana: um guia para pais/ Patricia Broggi.
São Paulo: Panda Books, 2010. 216 pp.

ISBN 978-85-7888-083-5

1. Finanças pessoais. 2. Crianças - Finanças pessoais. 3. Jovens - Finanças pessoais. I. Título.

10-4741 CDD: 332.024
CDU: 330.567.2

2010

Um selo da Editora Original Ltda.
Rua Henrique Schaumann, 286, cj. 41
05413-010 – São Paulo – SP
Tel./ Fax: (11) 3088-8444
edoriginal@pandabooks.com.br
www.pandabooks.com.br
twitter.com/pandabooks
blog.pandabooks.com.br
Visite também nossa página no Facebook e no Orkut.

Agradecimentos

Muitas pessoas me ajudaram nestes textos, dando informações, exemplos e explicações, dividindo suas experiências. Não posso deixar de agradecer cada lição que recebi. Valeu, este livro é de vocês também:

ADRIANA TEIXEIRA, *jornalista e minha consultora de economia*
ANDREA G. M. GONÇALVES, *assistente social do Instituto e Universidade Presbiteriana Mackenzie*
ANTONIO BONCHRISTIANO, *marido, meu melhor crítico e companheiro*
CARLA LEINER, *jornalista*
CARLA FONSECA, *sócia da Thomé Serviços Contábeis*
CARLA TODESCAN, *ortodontista*
CARLA ZULLO, *produtora*
CÁSSIA D'AQUINO, *educadora e coordenadora de um programa de educação financeira para crianças*
CLAUDIO BORIOLA, *consultor financeiro e presidente da Boriola Consultoria*
CRISTOVAM MANGIONE, *do Unibanco AIG Previdência*
DEISE LINA COELHO, *mãetorista*
ESTELA GALIZIA, *jornalista*
FABRÍCIO DE CASTRO, *jornalista*
FÁBIO COLETTI BARBOSA, *administrador de empresas, presidente do Grupo Santander e da Febraban, pela sabedoria e gentileza*
FLÁVIO BERTHOLA FACCA, *vice-diretor-geral do Colégio Santa Cruz*
GIULIANA CURY, *jornalista*

JOSÉ CARLOS BONCHRISTIANO, *presidente do conselho da Tempo Participações*

JOSÉ RENATO BORBA, *gerente nacional de poupança da Caixa Econômica Federal*

LOURDES BRUNINI, *psicóloga*

LUCIA TUFFY JOÃO, *proprietária da empresa de transporte Skyline*

LUIZ ANTONIO TODESCAN, *odontopediatra*

LUIZ FERNANDO FIGUEIREDO, *presidente da CRC Consultoria e Administração de Saúde, foi consultor do Ministério da Saúde na época da regulamentação dos planos*

LUIZA RUBERTI, *designer, amiga e minha melhor dupla no trabalho*

MARCELO DUARTE, *jornalista e grande editor*

MARCOS BOGO, *gerente do produto Vida na Seguradora Porto Seguro*

MARIA ISABEL SARAIVA DINELLI, *pediatra infectologista infantil*

MARILENE FORTE, *trabalha no transporte do Colégio Arquidiocesano, em São Paulo*

MAUD NOGUEIRA FRAGOA, *presidente e fundador da Uniodonto*

MELITA GRAMS, *assistente social do Colégio São Luís*

OSVALDO DO NASCIMENTO, *diretor-executivo responsável por operações de seguros, previdência e capitalização do Itaú*

PAOLO MASON, *diretor de varejo da corretora Win Trade*

SOLANGE SALVA, *designer*

SUSANA OLTAY HAYPEK, *diretora de administração e finanças do Colégio Santo Américo*

SYLVIA DALE, *jornalista*

VITTORIO RULLO JUNIOR, *gerente de produtos da USS Serviços de Assistência*

Sumário

EPÍLOGO

Parte 1

COMO ENSINAR AO SEU FILHO O VALOR DO DINHEIRO

0,10
42,30
9,85
16,65
12,30
16,10
0,18
15,65
7,15
0,15
5,30

INTRODUÇÃO

Dar as ferramentas para que um bebezinho se torne um adulto realizado, responsável e feliz é a maior meta dos pais. Entre as diversas lições de vida que serão transmitidas à criança – do aprendizado formal ao emocional –, existe uma que muitas vezes é negligenciada: ensinar a lidar com o dinheiro. A questão básica é que ter ou não esse conhecimento pode afetar, e muito, a futura vida econômica e pessoal da criança.

A partir dos primeiros anos de vida, já é possível começar a ensinar a seu filho alguns conceitos a esse respeito, e eles podem ser transmitidos devagar e sutilmente, de acordo com cada fase de vida, da infância à adolescência, até chegar à idade adulta. Nunca deixe de repeti-los. Os ensinamentos geralmente são os mesmos, mas com uma roupagem diferente, adequada à idade.

Além dessas lições diárias e repetitivas, é importante notar que os ensinamentos indiretos surtem muito efeito, ou seja, a maneira como os pais lidam com seu dinheiro no dia a dia será tão importante quanto as lições, e é com base nessa maneira de agir que os filhos escolherão seu próprio caminho.

É claro que dinheiro não traz felicidade – apesar de facilitar a vida, dar conforto e segurança –, mas a sua falta pode causar tristeza. Por isso, é muito importante que as crianças e os adolescentes desenvolvam uma relação saudável com ele. Não é uma questão de ensinar a seu filho a se tornar pão-duro, nem de transformá-lo num perdulário. Mas, sim, de explicar como planejar e controlar a vida econômica, compreender o conceito de causas e consequências. Ensinar às crianças, desde pequenas, o método de abrir mão de uma coisa hoje para desfrutar de outra melhor no futuro pode ser algo simples por meio da administração de uma semanada. O mesmo método poderá ser repetido ao longo de sua vida, a cada etapa, com quantidades cada vez maiores de dinheiro. Administrar a vida econômica com competência irá poupar muitos sofrimentos futuros e poderá trazer não a felicidade, mas muitas alegrias.

TRÊS REGRAS BÁSICAS

Por onde começar

Algumas garotas com seis anos de idade já possuem celular de última geração na bolsa. Há meninos que trocam de videogame a cada modelo lançado. Já vi adolescentes que não repetem roupas em festas de 15 anos. Se os exemplos estão parecendo um pouco exagerados, posso baixar a bola e falar de crianças que compram 20 reais de figurinhas a cada semana. Ou coleguinhas de meus filhos que recebem dinheiro todo dia para torrar na cantina.

O que mais me preocupa no consumo desenfreado dos dias atuais é encontrar um jeito para ensinar a meus filhos o valor do dinheiro.

Como fazer para que entendam quanto custa ganhar dinheiro?

Como explicar que um cartão de crédito não é uma varinha de condão capaz de materializar todos os nossos sonhos – cada vez mais fugazes, já que são satisfeitos tão facilmente?

Busco essa resposta diariamente. Nas várias experiências que tenho vivido nessa instigante (e exaustiva) tarefa de educar, fui juntando lições, que se transformaram no que eu chamo de "três regras básicas da educação financeira de meus filhos". Elas estão no fundamento de muitas outras situações que descrevo neste livro. Espero que também possam ajudar você na hora de educar os seus.

• A PRIMEIRA REGRA, E A MAIS IMPORTANTE, É O EXEMPLO.

Uma das maneiras mais eficazes de educar é dando o exemplo. Basta lembrar o que temos guardado na memória de como faziam e o que diziam nossos pais. Eu espero que a maneira como lidamos com o dinheiro em casa seja um estímulo para que meus filhos façam algo parecido no futuro (ou mesmo que resolvam a seu modo, porém com um parâmetro para que a escolha seja consciente). Não adianta dizer que as crianças precisam valorizar o dinheiro e você sair comprando roupas que ficam intocadas no armário, ou jogar comida fora porque se serviu demais. Seu filho aprende muito mais com o que você faz do que com o que você fala! Mostre para ele como o dinheiro é gasto, guardado e investido na sua casa. Explique que uma compra, por menor que seja, merece uma avaliação. Em todas as ocasiões é preciso pensar se o gasto é ou não útil, qualquer que seja seu valor. Afinal, dinheiro, como diz minha mãe, não cresce em árvore.

• A SEGUNDA REGRA É O LIMITE.

Limite dá parâmetro, determina até onde os filhos têm liberdade para agir. Deve ser estipulado a partir de coisas simples, como a quantidade de sorvetes que podem tomar na praia. Em geral, é apenas um mesmo e, na dúvida, aqueles de sabor de fruta, porque o preço é menor. Nessa regra eles têm duas informações: a da quantidade e a do custo. Limite traz a noção de caro e barato; do que têm condição de fazer e do que não têm – critérios muito importantes para evitar frustrações futuras.

- **POR FIM, A TERCEIRA REGRA É FALAR SOBRE O ASSUNTO.**

Dinheiro não é tabu. Você pode falar sobre o assunto com seus filhos em qualquer idade em que eles estiverem, basta moldar o tipo de conversa. A noção do que a gente pode ou não fazer, independentemente do que os amigos podem, precisa estar sempre clara. Lá em casa, já explicamos o que é salário (o deles é a semanada – veja a partir de quando dar a mesada na página 42), falamos sobre poupança (leia a respeito na página 53) e até já discutimos sobre a crise econômica de um jeito que eles entendam. Esse assunto precisa fazer parte do dia a dia da família, pois todos vão lidar com isso sempre.

E, se você pensa que a vida lá em casa é rígida demais, sem cor, quero deixar bem claro que a gente se diverte (muito), viaja (inclusive para o exterior) e que meus filhos possuem os mesmos brinquedos que os outros colegas, só que sabem o quanto isso custa e acabam valorizando ainda mais.

PRAZER EM CONHECER

Seu filho não vai aprender a dar valor ao dinheiro se não for propriamente apresentado a ele. Comece desde cedo.

Estar familiarizado com o dinheiro, saber para que serve e como se consegue ganhá-lo são conceitos que as crianças captam ao longo de seu crescimento. Cabe a você fazer a introdução para que a relação entre os dois seja boa a vida toda.

O primeiro passo começa quando seu filho ainda é pequeno, a partir dos três anos. Mostre as moedas (ele já deve ter passado da época de querer engoli-las), deixe que brinque com elas, ressalte suas diferenças em tamanho, peso, cor. Assim que ele estiver familiarizado, explique-lhe o conceito de valor. Não se assuste, pois não é nada teórico, basta mostrar-lhe quantas balas consegue comprar com certa quantidade de moedas. Mais para a frente, procure ensinar que com a moeda maior (1 real) pode-se comprar o mesmo que com duas menores (50 centavos). Logo que ele tiver aprendido esses detalhes, mostre-lhe essas diferenças com o dinheiro em papel. Faça as distinções de cores, tamanhos, desenhos e valores.

Quando ele já estiver ph.D. em moedas e notas, ensine o que vai fazer com o dinheiro em sua vida:

- **GANHAR**

Explique que é preciso conseguir dinheiro para comprar o que é necessário à sobrevivência. Mostre como você ganha o seu. Pode ser que nesse momento ele queira saber "quanto" você ganha – uma pergunta lógica e comum –, então cabe a você escolher o que dizer. Enquanto são pequenos é melhor optar por uma resposta evasiva, como "o suficiente para sustentar esta casa", porque dificilmente ele vai saber a diferença entre mil reais e 1 milhão de reais – ambos para ele são grande quantidade de dinheiro. À medida que ele for crescendo, dependendo do seu temperamento, talvez seja o caso de ser mais preciso nessa resposta.

- **GASTAR**

De nada adianta ganhar se não for usar. Mostre para ele como você usa o dinheiro – pagando por aquele gostoso sorvete no final da tarde, por exemplo. Dê a oportunidade para que ele use um pouco também e faça as suas escolhas. Leve seu filho com você para fazer compras no supermercado (leia a respeito em "Ensine a economizar gastando", na página 63). Explique suas opções no lugar, a relação custo/ benefício e peça para ele escolher determinado produto seguindo os mesmos parâmetros que você acabou de explicar. Essa é uma boa forma de aprendizado.

- **GUARDAR**

Além de gastar, é preciso saber economizar e investir. Ou seja, é a finalização do aprendizado de como, quando, quanto e onde usar o dinheiro. Existem muitas maneiras de administrar as economias; mostre a sua para seu filho. Procure explicar algum tipo de orçamento ou *budget* que você utiliza em casa. Ensine como divide seu dinheiro para diversas coisas (gastos imediatos, compras de longo prazo, economias para o futuro...) e sugira que, mesmo com um orçamento curto como o da semanada dele, ele pode criar os próprios critérios – sejam eles baseados nos seus ou não. No começo pode ser por meio da velha tática dos envelopes, um para gastos do dia a dia, outro para juntar para comprar algo maior, outro para um fundo de economia (que depois pode virar uma poupança ou um investimento em fundo ou Certificado de Depósito Bancário – CDB).

Explique todas essas palavras usando exemplos reais, que estejam relacionados à vida da criança, ou mostrando exemplos seus, que tenham a ver com os gastos dela – uso uma porcentagem ou parte de meu dinheiro para pagar sua escola, por exemplo. Assim ela conseguirá compreender e apreender essa lição.

PASSO A PASSO

O que fazer em cada fase do desenvolvimento da criança para que ela entenda o valor do dinheiro

A relação da criança com o dinheiro está ligada ao seu desenvolvimento ao longo dos anos. O fato é: alcançar um bom resultado é um desafio, e é imprescindível que os pais orientem seus filhos de forma consistente ao longo de cada fase de seu crescimento.

• ATÉ OS TRÊS ANOS E MEIO

Nesta fase a criança quer saber mais da quantidade de notas do que do valor de cada uma. Por isso, negociações como trocar uma nota de 10 reais por cinco notas de 1 real são bem comuns e deixam a criança muito feliz, sem que ela note que perdeu dinheiro.

Dica: Como o que importa é quantidade, esta é a hora de os pais presentearem a criança com um cofrinho, para que ela junte toda a quantidade possível de moedas e, com suas economias, veja o que poderá adquirir, como um prêmio pela economia. Pense em compras como revistinhas ou canetas.

• DOS TRÊS ANOS E MEIO AOS SETE ANOS

Com base no que está aprendendo na escola, seu filho começa a entender o valor das notas e deixa de querer volume de notas por volume de dinheiro. Neste período ele aprende as operações básicas (soma e subtração), e isso ajuda a entender quanto vale o dinheiro.

Dica: Mantenha o cofrinho, mas crie um objetivo para ser alcançado pela criança. Explique que o valor do objeto de desejo (pode ser um carrinho de plástico, uma fantasia ou uma boneca) tem a ver com o valor da moeda que ele vai colocar no cofrinho – que a essa altura já virou um "cofrão". Deixe clara a quantidade de dinheiro necessária para realizar aquele desejo. Será preciso encher um, dois ou três cofrinhos? Chegou um bom momento para condicionar os pedidos que a criança faz no supermercado (bolachas e guloseimas) ao que ela vai conseguir economizar. Pode parecer cedo, mas é importante que ela já comece a observar sua responsabilidade com o dinheiro que consome.

• DOS SETE ANOS AOS TREZE ANOS

Aqui, sem dúvida, seu filho já está totalmente preparado para receber uma retirada regular, em forma de semanada, quinzenada ou mesada. Mostre para ele sua participação e responsabilidade com relação a uma parte do dinheiro da casa.

Dica: É preciso ampliar de forma mais acelerada o processo de conscientização da criança quanto ao uso do seu dinheiro e, simultaneamente, quanto aos gastos do dinheiro dos pais. O cinema no shopping no sábado, o lanche no McDonald's com os amigos, ou a lembrancinha para o aniversário do amiguinho precisam ser avaliados conforme seu custo. (Não é uma questão de ter ou não dinheiro, mas de aprender se vale a pena gastá-lo.) Enfatize as diferenças sociais, faça com que se sinta responsável pelo bem no mundo: que tal participar da campanha do agasalho, campanha do brinquedo, campanha do alimento não perecível ou da reciclagem?

• DOS TREZE ANOS AOS DEZESSEIS ANOS

Neste momento o adolescente já deve ter completa consciência do valor do dinheiro e do trabalho dos pais para obtê-lo. Você vai ver que nesta fase todos começam a querer um determinado tênis, a calça de tal marca, a sandália igual à da amiga, a camiseta da moda, um celular com MP3, e sua conta mensal... Atenção! A forma como seu filho vai aprender a lidar com esses desejos para o resto da vida está relacionada com a forma como você o encaminhará nesta etapa. É preciso mostrar a necessidade de escolha, ou seja, o exercício de abrir mão de alguma coisa para obter outra. Conseguir comprar determinada bicicleta pode ser resultado de algum esforço – de economia e/ ou de ajuda em casa – combinado com uma data especial. Assim eles aprendem a dar valor às conquistas. O mesmo pode acontecer com coisas menores, como um presente para o namorado, os pais, os irmãos...

Dica: Continue mantendo limites e indicando caminhos. Agora é importante que se desperte no adolescente a vontade de superar suas limitações. Ensine a importância da gratidão por aquilo que recebe e que sozinho não conseguiria ter, sempre lembrando a existência do outro. Que tal colocar o armário em ordem e dar tudo aquilo que não é mais útil? Ou talvez participar de um trabalho voluntário?

• A PARTIR DOS DEZESSEIS ANOS

Agora é a hora de você se certificar de que seu filho já cristalizou alguns conceitos sobre dinheiro, como gastar, como guardar... Ele precisa ter autonomia para gerir seus recursos e arcar com as consequências de suas escolhas. Neste momento os amigos são muito importantes, mas a base que ele recebeu até então pesa também.

Dica: Não fique cobrindo gastos extras ou estouros na mesada. Você pode dar palpites nas escolhas dele, mas deve deixar que ele tome suas decisões. Ele precisa saber organizar seu orçamento, desde o do dia a dia até o de uma viagem de um mês com os amigos, e arcar com as consequências de sua avaliação.

TEMPERAMENTO: DOIS PESOS E DUAS MEDIDAS

Cada filho lida com o dinheiro de um jeito. Não é necessário, portanto, tratá-los de forma igual.

Tenho dois filhos: Tiago, com 11 anos, e Luca, com 13. O Tiago gosta de dinheiro, tranca o dele a sete chaves, mas quando se trata do meu ou de outra pessoa, não se intimida, não lhe faltam ideias de como torrar as economias alheias. Faz listas de presentes e até sonha com o assunto. Para o Luca, dinheiro não é uma prioridade. Ele ganha a mesada e guarda; quando quer uma coisa nova, se der, gasta, se não, tudo bem. Na verdade, não pensa muito no assunto: considera o dinheiro um meio, não um fim. Cada um nasceu de um jeito e esse é o meu maior problema.

Em geral, lidamos com as crianças da mesma forma em relação a tudo. No entanto, descobri na prática que o que funciona para um, nem sempre dá certo com o outro. Afinal, são duas pessoas diferentes, com reações e necessidades distintas. O problema é como usar dois pesos e duas medidas com os próprios filhos. Como fazer para não ouvir "mas com ele você fez de outro jeito"?

Nas últimas férias fomos viajar por 15 dias. Antes de partir, pegamos o que foi economizado da semanada para eles levarem. O combinado era que eu daria um presente e, depois, eles comprariam o que quisessem com o dinheiro deles.

No terceiro dia, o Tiago já tinha ganhado seu presente, gastado suas economias e ainda queria mais. Eu fui avisando que não era o caso de comprar tudo no começo, que ele poderia gostar de outra coisa adiante, mas não adiantou. Já o Luca voltou com saldo na carteira, comprou exatamente o que queria e se satisfez.

Sentei com o Tiago e tivemos uma longa conversa sobre como valorizar suas economias, como gastar, segurar a ansiedade... Repito essa ladainha sempre que posso para ver se alguma coisa fica guardada na memória dele.

O que aprendi é que preciso incentivar o Luca porque, às vezes, para não gastar, ele acaba deixando de comprar uma coisa que quer muito e se arrepende. Já cheguei a dar presente fora de hora só porque ele nunca quer nada. Porém, com o Tiago, a reação é contrária: tenho de segurar, pergunto se vale mesmo a pena aquela compra, se ele precisa "tanto" daquele objeto de desejo, se não é melhor guardar o dinheiro... Incentivo um e breco o outro.

Cada um tem seu temperamento, e o que é importante é que nós, mães e pais, tendo conhecimento dessa personalidade, os ajudemos a moldá-la para um lado ou para outro. Acho que é importante fazer diferente, sim. E, se houver questionamento, é só explicar que cada um é um, independentemente do outro. Além do mais, a vida não é igual para todo mundo, é? Não é porque um pode ir viajar que o outro também vai poder. Deu um presente para um, precisa dar para o outro? Nem sempre, depende do motivo do presente. E da personalidade do filho.

CANTINA AOS CINCO ANOS? NÃO!

Como se livrar da cantina aos cinco anos e, de quebra, dar uma aula sobre o valor do dinheiro.

Aos cinco anos de idade, meu filho mais velho já tinha virado um homem. No colégio em que ele estudava em período integral, em frente às salas de aula havia uma cantina onde se pretendia que esses homens e mulheres de cinco anos comprassem salgadinhos, refrigerantes, chocolates, ou seja, alimentos para um lanchinho frugal. Como era cedo para mesada e semanada, cabia aos pais fornecer dinheiro para que as crianças se entupissem de guloseimas. Fui uma das primeiras pessoas a questionar a presença da tal cantina. Se eu pago a alimentação (almoço e lanche da tarde) e mando um achocolatado para ele se regalar no lanche da manhã, por que ele ainda precisa "torrar" alguns reais em porcarias? Não sou do tipo que acha que bala não deva fazer parte do cardápio, mas acho que a gente não deve incentivar sua ingestão.

Mas, mais do que o conteúdo nutricional da alimentação das crianças, minha dúvida é: para que incentivar esse consumo aos cinco anos? Ouvi várias explicações de outras mães, inclusive uma teoria mambembe de que a compra e o troco poderiam representar um complemento às aulas de matemática (?!?!). Decidi não dar dinheiro para ele gastar na cantina; o achocolatado estava mais do que bom. Tive uma conversa com meu filho, explicando que ele não precisava comprar aquelas coisas, que eu não achava certo e que não ia dar dinheiro, e ponto.

Até que um dia fui almoçar com ele no colégio. Depois do almoço me propus a encarar a fila da lanchonete. Na minha frente, uma garota com uma linda carteira cor-de-rosa, recheada de notas de 1 e de 5 reais, fazia uma compra de salgadinhos. Do outro lado, um garoto com uma nota de 50 reais tentava pagar um refrigerante. Meu filho me contou que um amigo havia distribuído balas dois dias atrás. Eu me senti mal. Será que ele estaria pedindo dinheiro para os outros só para poder comer uma balinha? Que chato. Ele me garantiu que não. Mas fiquei um pouco sem graça por ele ser um dos únicos que não levavam dinheiro e... Recapitulei. Resolvi que daria para ele 3 reais uma vez por semana, para que satisfizesse seus desejos na lanchonete.

O tal subsídio ao lanche durou exatamente 15 dias. Até que tive uma ideia. Chamei o meu filho para uma conversa e expliquei o conceito de economizar – um dinheiro que no lugar de gastar a gente junta para que se transforme num valor maior – e propus: ele poderia guardar aquele dinheiro do subsídio ao lanche. No final do ano, no lugar de ter tomado muitos litros de refrigerante, ele teria guardado uma boa quantia. Aí, se quisesse, compraria uma coisa que estivesse desejando muito. Acho que fui bem sedutora nos meus argumentos, tanto que a história colou. Luca aprendeu a poupar. Às vezes íamos juntos contar o dinheiro de sua carteira e do cofrinho, e eu exagerava no que ele eventualmente poderia comprar. A coisa deu tão certo que ele até fez propaganda para alguns amigos sobre economizar. A minha sensação é a de que ganhei o primeiro *round* na luta contra o consumismo e ensinei para ele um pouco sobre o valor do dinheiro.

PRESENTE PARA O FUTURO

Conheça um jeito divertido e bem sociável de ensinar um pouco sobre dinheiro: jogos

Essa coisa de usar apenas teoria ou exemplo para as crianças com relação a como passar noções sobre o uso do dinheiro pode tornar a conversa meio chata. E pior, desinteressante. Daí para seu filho não dar a mínima bola ao que você está dizendo é um passo. Por isso, acho importante encontrar alternativas para passar sua mensagem de forma "subliminar".

Jogos são interessantes porque, além de exercitar o raciocínio, promovem a sociabilidade das crianças: um grupo de amigos se reúne para jogar, incluindo você, é claro. Além do mais, vão criando situações diferentes em que podem ser comentadas jogadas e avaliadas posições tomadas pela criança. Os jogos fazem pensar, obrigam os filhos a tomar decisões, a criar uma estratégia. Pense no assunto e veja uma lista de produtos que são bem interessantes:

NOME DO JOGO/ FABRICANTE	A PARTIR DE	O QUE ENSINA
Para aprender a fazer contas/ Loja de brinquedos educativos	1 ano	Brincando com a adição e subtração. É uma boa iniciação. Apesar de ser mais ligado à matéria do que à educação financeira, a criança se familiariza com números e quantias.
Fortuna/ Grow	5 anos	Ensina transações financeiras de compra, empréstimo... com a atuação de um banco.
Resta um/ Xalingo	6 anos	É uma maneira de aprender na prática a subtração.
Banco imobiliário jr. (ou outras versões simplificadas do Banco imobiliário)/ Estrela	6 anos	A finalidade é a mesma do Banco imobiliário (veja abaixo), no entanto, com regras mais simples, para crianças de idade menor.
Pega-pega tabuada	7 anos	Por meio de um mecanismo com bolinhas, dois números são sorteados. As crianças precisam fazer a multiplicação e encontrar o resultado. Perfeito para treinar tabuada.
Banco imobiliário/ Estrela e Monopoly/ Hasbro	8 anos	O Monopoly foi criado nos Estados Unidos em 1935. Mais tarde foi lançado no Brasil pela Estrela com o nome de Banco imobiliário. Hoje existem os dois jogos. Neles os participantes podem alugar ou comprar propriedades, com sorte e estratégia se tornar milionários e monopolizar o mercado imobiliário.
Jogo da mesada/ Estrela	8 anos	É um jogo de estratégia que busca ensinar noções básicas de administração e economia: ganha quem cuidar bem de seu dinheiro e terminar com mais grana no bolso.
Jogo da vida/ Estrela	8 anos	Os participantes simulam situações da vida com negócios, notas promissórias, dia do casamento, filhos...
Leilão de imóveis/ Grow	10 anos	Testa a habilidade dos participantes como investidores – é uma amostra de como funciona um leilão de verdade.

Se seu filho gostar mesmo de jogos eletrônicos no computador ou de videogames, embarque num desses produtos; eles podem ser bons aliados para que ele comece a entender os números, orçamentos e o dinheiro. Existe uma série conhecida como Brain Age (para Nintendo DS), de estimulação cerebral, cuja proposta é criar desafios intelectuais, muitos deles ligados à matemática. A versão americana vem com Sudoku. Os jogos podem servir para uma boa aproximação com os números.

Outra opção é a série The Sims (existe para computador, Game Cube, Wii, Nintendo DS, Xbox, PlayStation 1 e 2, PlayStation Portable e celular). Nesse jogo a criança cria um personagem, no mundo virtual, que tem uma profissão, recebe salário, pode comprar bens materiais... Tudo dependerá de seu desempenho no trabalho. É uma boa maneira para entender como é o dia a dia dos pais com o dinheiro e também para que serve um orçamento. O The Sims tem modelos mais antigos que podem ser usados por crianças a partir de 12 anos; já os mais modernos dão mais certo a partir dos 16.

Que fique claro: não estou aqui fazendo uma ode ao capitalismo, mas dando ideias de como as crianças podem ir aprendendo algumas noções do mundo do dinheiro. Não apenas para facilitar no futuro, mas para criar uma afinidade. Afinal, mais cedo ou mais tarde, elas terão de aprender. Além de ser muito melhor declarar falência com dinheiro falso do que no futuro, quando os prejuízos serão reais.

E VIVA A DIFERENÇA!

Como ensinar os filhos a lidar com o fato de ter menos – ou mais – dinheiro do que os amigos

Um assunto recorrente em minha vida é qual a fórmula para ensinar a lidar com as diferenças de dinheiro entre os colegas. Estou falando de quando os amigos são muito mais ricos do que o nosso filho ou o contrário, quando ele tem mais do que os colegas. É importante preparar as crianças para enfrentar as duas situações. Elas vão se repetir de um jeito ou de outro durante toda a vida.

Não estou falando aqui do caso isolado daquele amigo que tem tudo. Esse se torna uma exceção. Estou pensando em quando, por exemplo, a gente opta por uma escola que é mais cara (pelo resultado acadêmico excelente) e, no entanto, o nível de vida dos amiguinhos é mais alto do que o da sua família. O que seria melhor: matricular o filho nessa escola tão boa ou optar por uma outra que não o colocasse na berlinda?

Acho que, se as diferenças econômicas não atrapalharem o desenvolvimento escolar – ele não vai poder fazer as viagens planejadas porque vocês não podem pagar, por exemplo –, a escola mais elitizada trará dois aprendizados: o acadêmico e o de vida. Mas é preciso ficar esperto para não criar uma dificuldade a seu filho, e isso você só vai saber observando. Afinal, sempre existe a opção de mudar a criança de escola, caso a situação não esteja boa.

Tenho convicção de que a maneira como os pais lidam com as diferenças no seu dia a dia será o melhor jeito de ensinar seus pequenos a lidar com as suas. Um casal amigo, com situação confortável (com casa na praia e barco), pode ser visto com inveja ou como a possibilidade de fazer coisas novas. Dessa mesma forma, seu filho pode encarar aquele amigo da casa com piscina e videogame de última geração como uma fonte de diversão ou de infelicidade.

A chave é transformar a diferença em algo positivo. Mostrar que o que os outros têm pode abrir seus horizontes e também ensinar que para fazer tudo que os colegas fazem será preciso um sacrifício, aliás, este pode ser um bom aprendizado. Ele quer ir ao passeio da escola? Então terá de deixar de comprar uma roupa, de ir ao cinema... Literalmente, economizar para conseguir. É o tal do "dar o passo de acordo com a perna", uma lição para carregar a vida toda.

Se a situação for inversa – como, por exemplo, ser dono de vários brinquedos que os amigos não têm, e por isso desconfiar que só queiram sua amizade por interesse –, ensine que é bacana poder dividir com os outros. Querer se entreter com os brinquedos dele não significa que os colegas sejam interesseiros, apenas que também se divertem com essas coisas. Conversar sobre essas diferenças é o primeiro passo. Por conversar, quero dizer:

- Explicar claramente o que você, como família, pode fazer: o que ele pode pedir e o que não cabe no orçamento de jeito nenhum.

- Esclarecer com jeito as diferenças econômicas entre as pessoas. Procure fazer de uma forma carinhosa, mas didática. É importante que ele não fique frustrado por ter nascido numa situação mais apertada, muito menos envaidecido por ter muito.

- Lembrar sempre, ao falar sobre dinheiro, o quanto é importante ressaltar outros valores da vida. Ter ou não dinheiro não significa ser mais ou menos feliz.

- Evitar comparações como "apesar de usar aquele celular ultramoderno, ele não tem amigos". Seu filho não pode relacionar a falta ou abundância material com ter ou não amigos, ou qualquer outra qualidade que simplesmente signifique ter ou não dinheiro.

- Colocar os pingos nos "is" e agir seguindo atitudes condizentes com o discurso serão a base de uma futura relação saudável com dinheiro.

Deixar bem claro o que ele tem condições de fazer e o que não tem transformará seu filho numa criança resolvida. Só conversando você saberá se ele está se sentindo diminuído. Ou, no caso oposto, se está esnobando os amigos. Duas reações nada agradáveis. É claro que a personalidade dele poderá pesar muito na sua reação, mas a educação fará toda a diferença. Afinal, por mais que as roupas e os aparelhos de MP3 sejam supervalorizados, é importante aprender a dar valor a outras coisas. Coisas que você deve mostrar a ele. Não estou dizendo que é fácil, mas quem foi que disse que educar seria simples?

O SALÁRIO DELES

Quanto dar de mesada e quando? Cada família cria seu sistema. Antes de optar por um, veja algumas dicas.

Comprar um pacote de figurinha aqui, um sorvete fora de hora ali... Foi pensando nesses gastos que cheguei à conclusão de que estava na hora de meus filhos receberem uma mesada para aprender a escolher no que gastar, quanto e como. Quanto dar era a questão.

Primeiro comecei a fazer uma pesquisa de campo. Acontece que os valores de mesada entre as crianças são bem díspares, dependem da idade, da cabeça dos pais, de onde será gasta a mesada e quais gastos deverá cobrir. Cada pai decide a quantia que considera ideal para as necessidades – e os mimos – da cria. Por isso, saí em busca de consultores financeiros, livros sobre o assunto e misturei tudo com bom senso. Assim, cheguei a algumas conclusões.

• CONCLUSÃO 1: QUANDO COMEÇAR DE VERDADE

Com a informação de que entre seis e sete anos as crianças já são capazes de equacionar um orçamento (como já falei anteriormente), este é o momento ideal de dar uma semanada. Determine um dia na semana e dê o dinheiro sempre nesse dia. Assim, a criança aprende a esperar o dia do pagamento e quando se tornar adulta evitará tanto cheque pré-datado, uso indevido de cartão de crédito ou parcelamentos, porque saberá esperar chegar o dia do pagamento.

• CONCLUSÃO 2: MESADA OU SEMANADA?

A verdade é que até os 11 anos a criança não consegue entender direito essa questão de tempo. Um mês é uma figura meio abstrata, para explicá-la será necessário fazer relações como: o mesmo tempo que você teve de férias, a quantidade de dias que já passou desde seu aniversário... Parece longe, distante. Por isso é melhor optar pela semanada, é mais simples e o final de semana é um marco fácil para seus filhos medirem o tempo. Só mais tarde – lá pelos 12 anos –, você pode passar a dar mesada, o que será uma boa ideia porque as crianças vão aprendendo a administrar o dinheiro por um tempo maior.

• CONCLUSÃO 3: QUANTO DAR?

A minha maior questão era qual seria um valor justo. Existe uma fórmula-padrão, que funciona como um parâmetro. Consiste em dar 1 real por ano de vida a cada semana. Crianças com sete anos recebem 7 reais por semana, os de dez, 10 reais por semana. No entanto, quando completar 12 anos, os gastos aumentam, a criança já é capaz de ir ao cinema com os amigos, comprar um lanche e precisa de dinheiro para pagar por tudo isso. Não é bom dar a semanada e depois completar por fora para o passeio, senão eles nunca vão aprender a fazer escolhas, planejar e ter limite com os gastos. Por isso, para pagar esses custos a mais, o valor da mesada dobra: 2 reais por ano de vida por semana, porém dado uma vez por mês, ou seja, 96 reais por mês. Lá para frente, com 15 anos, pode virar 3 reais por ano de vida. A fórmula seria assim:

Dos 7 aos 11 anos	idade x 1 real =	valor semanada
Dos 12 aos 15 anos	idade x 2 reais x 4 =	valor da mesada
Dos 15 anos em diante	idade x 3 reais x 4 =	valor da mesada

É claro que essa fórmula só funciona se couber no seu orçamento. De qualquer maneira, antes de embarcar nessa sugestão de critério, dê uma pesquisada no quanto ganham os colegas da escola. Esse também pode ser um ótimo parâmetro. Pagar muito mais do que os outros pais é besteira, aí, sim, seu filho vai ficar "estragado". Pagar muito menos também pode deixá-lo numa situação embaraçosa.

É importante que a mesada seja suficiente para cobrir as despesas que você espera que ele pague por conta própria. Deixe bem claro o que é responsabilidade dele e o que ainda será sua. Roupa, quem vai pagar? Se for seu filho, a mesada precisa contemplar esse gasto. Mas tome cuidado, na dúvida, seja menos generoso. Afinal, a mesada é um primeiro passo para administrar um orçamento pessoal, e ele precisa aprender a fazer escolhas. Se o valor for muito alto, você não estará ensinando nada.

• CONCLUSÃO 4: A OBRIGAÇÃO DOS PAIS

Saiba que mesada não é apenas "um dinheirinho que eles recebem para cobrir gastos", mas, sim, uma maneira, entre milhares, de educar as crianças para cuidar do dinheiro, por isso, o acerto precisa ser sério. Os pais não podem esquecer o dia do pagamento, não podem deixar de ter troco para dar o dinheiro corretamente e não podem se apropriar das economias deles quando estiverem sem trocado para comprar pão ou qualquer coisa do gênero – só faça isso se seu filho emprestar para você! Lembre-se: a mesada é como se fosse um salário e precisa ser tratada com respeito – como a gente gosta que tratem o nosso salário, certo?

A vantagem é que com esse dinheiro os filhos vão aprendendo a assumir compromissos, a gastar e a poupar. Podem cometer erros, ir à falência, sem grandes prejuízos. Os pais não devem sair correndo atrás, dando orientações ou cobrindo dívidas, devem deixá-los aprender com erros e escolhas.

Quem associou mesada a coisa de criança mimada: errou. Uma mesada bem dada traz um ótimo resultado para a educação financeira desses futuros cidadãos. Além disso, abre um canal para a família falar de dinheiro, para o filho se pronunciar a respeito, negociar e até pedir um aumento apresentando suas razões. Ter facilidade de falar e refletir sobre o assunto pode ser de grande valia na hora de, no futuro, dar o preço de um trabalho, cobrar uma dívida, discutir o salário... Coisas que muita gente tem a maior dificuldade de fazer e acaba se frustrando por isso.

P.S.: Aqui você já leu sobre quando começar a dar mesada e quanto dar. Mas deve estar se perguntando quando parar. Pois é, esse dia vai chegar. É a hora de seu filho desmamar – uma época muito importante. Isso vai acontecer quando ele começar a trabalhar ou a fazer estágio. Tudo vai depender do quanto ele ganha. Se de cara for mais do que a mesada, pare de dar a sua contribuição e deixe que ele se vire sozinho. Se receber menos do que a mesada, o melhor é pagar para ele a diferença entre as duas entradas até que o salário alcance aquele valor e ele possa andar com as próprias pernas.

DINHEIRO OU CARTÃO?

Considere as vantagens de dar mesada no cartão ou em espécie

A partir de 11 anos seu filho poderá lidar com um cartão e não apenas com dinheiro vivo. A idade varia conforme a instituição financeira e o tipo de cartão (débito ou crédito). Alguns bancos, vislumbrando a entrada de novos clientes e com o objetivo de fidelizar os que já têm, oferecem a inclusão das crianças por meio da proposta de cartões adicionais para menores de idade. Outra opção é permitir que esses novos correntistas tenham um cartão de débito, desde que a conta possua um adulto responsável.

A ideia de usar um desses produtos tem prós e contras. Veja as vantagens e desvantagens e decida o que é melhor para o seu caso, dependendo das características da sua família. Provavelmente o melhor é o uso misto, assim você estará subindo mais um degrau no ensino financeiro do seu filho.

É bom porque...

- Não há chance de ser pego desprevenido. O cartão está na mão e, se de repente ele precisar gastar um pouco mais do que imagina, desde que dentro de seu limite, poderá gastar.
- O cartão (de crédito ou de débito) é mais seguro, não vai ser preciso andar com dinheiro no bolso. E, se por acaso for perdido, basta cancelá-lo com rapidez para evitar prejuízos. Além disso, muitos cartões de crédito vêm com *chip*, o que oferece mais segurança. Só não pode esquecer a senha!
- O cartão de débito tem um valor que já está depositado na conta, não dá para extrapolar.
- Cartão de crédito permite compras parceladas, o que pode ser bom, quando seu filho quiser fazer uma compra maior.
- É uma forma de ele aprender a controlar seus gastos, fazer um *cash flow* com o que já foi gasto e o quanto ainda tem disponível. Começar a se familiarizar com um orçamento a partir de quantias menores é um ótimo primeiro passo.
- Para uma viagem, independentemente do destino, geralmente cartão de crédito ou débito é uma boa opção de pagamento.
- O extrato é uma maneira de ele – e de você – controlar no que, onde e como foram feitos os gastos. Nos primeiros meses em que ele começar a usar o cartão, peça para dar uma olhadinha no extrato e veja se é o caso de conversar com ele sobre o que anda fazendo com seu dinheiro. Mas nunca faça isso às escondidas. Depositar confiança no seu filho é a única forma de ele organizar-se financeiramente.

É ruim porque...

- Muitas vezes, usar cartão dá a sensação de não estar gastando dinheiro – nunca aconteceu de você passar seu cartão e não sentir que gastou, depois quando vem a conta você leva um susto? Pois com ele, que não está habituado a esse uso, acontece a mesma coisa. Por outro lado, o fato de ele "quebrar" num mês pode ser uma boa experiência para que não aconteça de novo.
- Seu filho pode se perder nas contas, gastar tudo e ficar sem nada. Mas isso pode acontecer com dinheiro vivo também.
- Cartão de crédito ensina só a gastar e não a poupar, o que é um desserviço para o objetivo de fazer com que ele aprenda a economizar.
- Se o limite do cartão de crédito for alto e ele irresponsável, você pode ter um desfalque!
- Alguns lugares não aceitam cartão e aí seu filho vai dar com a cara na porta. Por isso, é importante que ele aprenda a administrar a quantia que deve ter em espécie e quanto depositar na conta do cartão.

COLECIONAR – CONJUGUE ESSE VERBO

O velho álbum de figurinhas pode trazer muitas lições. Veja só que bacana.

Meu filho Tiago adora coleções. Recentemente esteve ligado a duas. O álbum de figurinhas dos times de futebol do clube onde pratica esse esporte, e uma nova série de Gogo's, aqueles bonequinhos de plástico que são vendidos em bancas de jornais. Essas coisas são verdadeiras febres, pegam as crianças e todos começam a juntar. Querem, querem, querem. O curioso é que aí surgem os tipos mais diferentes de procedimentos familiares:

- Tem aqueles meninos que torram logo de cara, sem pestanejar, 50 reais em pacotinhos.
- Outros que ganham dos pais pacotinhos novos a cada dia.
- E crianças, como os meus filhos, que compram conforme a mesada deles, fazendo suas escolhas.

Na última Copa de Futebol, os meninos ficaram fissurados pelo Álbum da Copa. Eu também. Então fizemos um acordo: a cada vez que um deles decidia gastar um tanto em figurinhas, o outro e eu deveríamos dar o mesmo valor. Virei uma espécie de sócia investidora daquele álbum. Foi um bom jeito de negociarmos a cada semana a quantia a ser investida. Todos tinham direito a voto. A verdade é que uma coleção, seja ela de figurinhas ou papéis de carta, é um ótimo momento de ensinar alguns conceitos:

- O primeiro deles é aprender a fazer as contas para saber quanto gastar de sua semanada para comprar aqueles objetos tão desejados. Portanto, nada de dar os pacotinhos de mão beijada; deixe que eles aprendam a fazer essa avaliação.
- O segundo é segurar a ansiedade para esperar até a próxima semanada para comprar novos pacotinhos. Grande lição para a vida adulta.

Se seu filho assimilar essas duas experiências, a coleção já valeu a pena. Mas lembre-se de não estragar a oportunidade comprando um milhão de pacotinhos para ele, tirando assim a ansiedade e o aprendizado de lidar com a espera, o limite e as escolhas.

No entanto, se quiser ir mais fundo, há ainda mais o que aprender com uma coleção. A troca das repetidas com os amigos é uma atitude muito importante. Assim, eles começam a negociar, fazem estratégias. Nesses tais Gogo's, por exemplo, existem os coloridos e os multicoloridos. Estes últimos são muito mais difíceis de conseguir. Trocar três coloridos por um multicolorido pode ser uma boa estratégia; trocar um multicolorido repetido, por outro que não tenha, é outra. Quem deve criar esses critérios é o seu filho, baseado em quanto avalia sua coleção e quanto quer determinada peça. Esses estratagemas são uma boa tradução para a linguagem deles da arte da negociação, um conhecimento válido para a vida toda.

P.S.: Agora uma dica para as mães: de vez em quando, quebre a regra e compre dois pacotinhos de figurinhas como um prêmio para seu filho. Tendo aprendido todas essas noções econômicas, ele vai valorizar muito mais seu gesto do que se você torrasse de cara uma grana com isso.

APRENDENDO A POUPAR... NÃO VAI FALTAR

Anúncio de TV chama a atenção das crianças para a importância de economizar

Há alguns meses, Tiago, meu filho caçula, me chamou enquanto estava vendo televisão. Nessas ocasiões é sempre para dizer que quer um brinquedo que está sendo anunciado. Fui, meio com preguiça, porque já sabia que teria de dizer que presente tem hora, blá-blá-blá. Que surpresa! O brinquedo da propaganda era uma caderneta de poupança e ele estava me pedindo para colocar o dinheiro dele lá. Ufa! Finalmente uma coisa a que eu poderia dizer que sim.

Acabei sentando em frente à TV. A propaganda passava em quase todos os intervalos. Foi uma boa ocasião para contar para ele sobre a poupança que eu tinha quando era pequena. Naquela época, para mim, sinônimo de guardar dinheiro era caderneta de poupança. Cada um de nós – somos cinco filhos – tinha a sua. Qualquer troquinho que eu ganhava ia direto para lá. Esse papo de fundo, ações, ouro, dólar... Nada disso estava no meu repertório econômico. Foi com a caderneta que aprendi o valor de guardar dinheiro. Essa, dizem os especialistas, é a grande vantagem do investimento: ensinar a economizar, além de funcionar como uma porta para voos mais altos. A propaganda me deu certo saudosismo e resolvi pesquisar as vantagens econômicas de abrir uma caderneta para meus filhos. Afinal, as vantagens psicológicas eu estava revivendo naquele momento.

A poupança é uma aplicação com isenção de imposto de renda para pessoa física, que oferece rentabilidade da Taxa Referencial (TR) – indicativo diário determinado pelo governo –, mais 0,5% a cada trinta dias. Minha dúvida-chave era: qual a vantagem da poupança sobre um fundo de investimentos? Descobri que, a partir de 2 de janeiro de 2005, qualquer aplicação com prazo menor que seis meses teve seus rendimentos tributados em 22,5%, enquanto a poupança permaneceu isenta da tributação. Podem ter tentado tributar a partir de um valor, mas até agora nada saiu do papel. Além disso, em instituições como o Banco do Brasil e a Caixa Econômica Federal não há uma quantia mínima para a abertura de caderneta de poupança, tampouco para sua movimentação. Já em outros bancos, se você não é correntista, existe um valor mínimo. Outra grande vantagem é a segurança: as poupanças têm um valor mínimo garantido em caso de quebra da instituição. É um investimento com liquidez imediata. Você pode sacar o dinheiro quando quiser, até mesmo antes do vencimento, embora perca o rendimento do período.

Traduzi todas essas informações para meus filhos, numa linguagem que eles entendessem, é claro. Falei sobre o que eram os juros e expliquei inclusive sobre o efeito composto, que eles iriam receber juros sobre juros, se deixassem o dinheiro na poupança. Contei-lhes sobre a minha poupança e tudo o que fiz com ela ao longo da minha infância. No mês seguinte estávamos abrindo a poupança para eles. Prometi-lhes que dobraria o valor que eles se dispusessem a colocar para abrir a poupança. Assim, cada um raspou ao máximo o dinheiro da carteira e do cofrinho. Hoje, todo o dinheiro que Tiago consegue ganhar coloca na poupança. A cada depósito, fico mais orgulhosa. Dei meu primeiro passo na lição da economia.

INVISTA NUM PRESENTE

Para dar um passo mais sofisticado na educação financeira de seu filho, dê a ele um presente de aniversário diferente.

Quando seu filho já tiver consciência do que é dinheiro e de como gastar e economizar, que tal, no próximo aniversário dele, presenteá-lo com ações? Sim, você leu bem, a-ç-õ-e-s, ou seja, uma pequena parte do capital unitário de uma empresa. É possível, com a ajuda de uma corretora, investir em uma carteira de ações e registrá-la no nome de alguém com menos de 18 anos, desde que ele tenha um representante legal, que pode ser você mesmo. Seu filho só precisará ter um Cadastro de Pessoa Física (CPF), algo muito fácil de obter.

A ideia, com um presente desses, vai além de educá-lo para a importância de aprender a economizar. Estou falando aqui de investir e de todos os passos que estão relacionados a isso. Ele terá de escolher as empresas das quais quer comprar suas ações. Para isso, irá descobrir uma forma de avaliá-las, aprenderá a acompanhar seu andamento e, com base nessas informações, fazer escolhas.

Com o passar do tempo, ele poderá sofrer ou se orgulhar de suas decisões. Acima de tudo, irá aprender com elas. Este é um ótimo processo. A poupança em ações inclui um conceito importante, que é ganhar dinheiro investindo na produção, ou seja, numa empresa, e não apenas em juros.

O interessante é que as ações oferecem certo risco, pois têm renda variável – também quer dizer que o presente que você vai dar para ele pode crescer ou diminuir, e isso vai depender exclusivamente do desempenho da carteira "administrada" pelo seu filho. É um bom toque sobre autonomia. E mesmo que ele perca a princípio, irá aprender que é possível recuperar o que tinha e até ganhar se puder deixar o dinheiro naqueles papéis para esperar um momento melhor. Ele compreenderá o conceito de preço médio (quando fizer compras constantes de uma mesma ação, irá pagar preços mais altos e mais baixos, portanto, alcançará um valor médio) e outras questões a respeito de sua futura vida financeira.

É importante que o presente seja de determinada quantia e que ele se comprometa a fazer alguma economia para aumentar essa carteira. Vocês podem combinar um plano em que ele economiza a mesada e você dá um bônus conforme a economia que tiver feito a cada ano. Converse com uma corretora: além de ter profissionais que orientam o que comprar e como administrar a carteira, ela oferece facilidades como serviço de atendimento *on-line* (coisa que seu filho vai aprender a utilizar num piscar de olhos) ou a possibilidade de comprar quantidades menores de ações (o chamado lote fracionário) de empresas seguras, que geralmente só vendem um número maior de ações.

Para prestar esse serviço, as corretoras cobram uma taxa para cada ordem de compra ou venda, a taxa de corretagem. Mas lembre-se: ela será uma fonte de informações, porém, é importante que seu filho tome as decisões, para que a experiência seja um verdadeiro aprendizado.

UMA MONTANHA DE PRESENTES

Uma maneira diferente de ensinar para seus filhos o valor das coisas: respeitando seus presentes

Adoro presente. Mas A-D-O-R-O mesmo. Nunca consegui pedir doações para uma instituição de caridade no lugar de presente no meu aniversário, simplesmente porque abrir aquele monte de pacotes, tentar adivinhar o que vem em cada um, experimentar um por um, para mim é uma delícia. Então, nunca pensei em pedir para os meninos fazerem isso em seus aniversários. Devo dizer que admiro a Ivone, mãe do Tomás e do Rodrigo, que todo ano, quando organiza a festa dos meninos, no lugar de presentes, pede fraldas, tênis, latas de leite etc. para a creche da escola. Ela é o máximo. Os filhos, mais ainda. Infelizmente, não sou uma criatura tão elevada.

De qualquer maneira, não deixo de me incomodar com aquela montanha de presentes que resulta de um aniversário. É um exagero. Para colocar as coisas em seu devido lugar, criei um ritual que acabou se provando bem eficaz. Em casa ninguém abre todos os presentes que ganhou na noite da festa, como se fosse morrer se não o fizesse. Nós abrimos os pacotes juntos e aos poucos. São no máximo cinco por dia, assim é possível desembrulhar com calma, tempo e paciência para aproveitar cada um deles. Enquanto Luca ou Tiago abre um pacote, anoto num caderninho o que é e de quem ganhou. Nas primeiras festas, costumava agradecer cada presente, especificando num cartão. Hoje não consigo mais fazer isso, mas acabo me lembrando de alguns e agradecendo quando encontro as mães. Outros, peço que os meninos liguem para agradecer. Afinal, o mínimo que alguém que deu um presente merece é um agradecimento. Essa história de vergonha de agradecer não existe, "senão deveria ter vergonha de ganhar; e devolver", eu digo. Funciona!

A abertura parcimoniosa é um exercício de autocontrole que imponho aos meus filhos. Autocontrole e valorização. Acho importante eles apreciarem cada um dos presentes, além de prolongar o prazer da festa.

Peço que avaliem também: é repetido? Vamos trocar? Vamos dar para outra pessoa que precise? Mesmo que seja pouco, consigo fazer essa "reciclagem" de vez em quando. A cada dia deixo que abram de verdade – tirem da caixa, brinquem – apenas um. Assim o armário fica cheio de presentes novos, com os quais eles vão brincando aos poucos. Às vezes esquecem, e uma semana mais tarde perguntam: posso abrir um presente? Claro! Que alegria!

É um jeito de esticar aquela gostosura. Não fica uma gana de abrir, abrir, abrir, sem nem prestar muita atenção, além de trazer um pouco de respeito para cada presente – o que quem se preocupou em presentear merece.

UM MAIS UM

Conhecer e gostar de matemática pode ajudar a futura saúde financeira de seu filho

Algumas crianças nascem com a cabeça matemática. Meus meninos, por exemplo, fazem conta feito calculadora – minha mãe também é assim, calcula mais rápido do que qualquer lojista, mesmo no alto dos seus 79 anos! Outros gostam mais das palavras. Como eu, que nasci tirando boas notas em redação. Mas acho que definir desde pequeno que o filho é dos números ou das letras é um tanto simplista. E, convenhamos, é preciso ter uma boa base dos dois para se ter sucesso no que quer que seja.

Como aqui estou falando de dinheiro, basicamente é sobre números e a importância deles que quero conversar. Como disse, sempre gostei de palavras. Mas nasci numa família de engenheiros. "Contas são feitas de cabeça", "calculadora é para preguiçosos ou cálculos complexos..." Esses foram os conceitos que nortearam minha infância. O resultado é que, no meio dos jornalistas, virei aquela que tinha um olho numa terra de cegos. Na hora da prestação de contas, de calcular o custo de uma matéria, de organizar o orçamento da revista, acabava sendo a escolhida para o trabalho. Perto dos meus colegas, até que me saio bem, mas, se comparada aos meus pais ou a meu marido (outro ás das contas), sou uma negação.

Meu jeito com números não é inato: surgiu da convivência com minha família e, em seguida, da necessidade de administrar minha mesada e meu desejo de consumo – relação quase inadministrável... Tenho convicção de que, para ter saúde financeira no futuro, conhecer os números é essencial. Afinal, saber calcular quanto dinheiro guardar, quanto falta para uma compra, quanto será preciso poupar a cada mês está totalmente relacionado com contas, não? Estou propondo que você dê um reforço nos números com seus filhos.

É simples. Que tal fazer brincadeiras com adição, subtração e multiplicação numa viagem de carro? Além de ensinar, ajuda a passar o tempo. Ou brinque de outra coisa desde que tenha um sistema de pontuação para cada acerto. Será preciso fazer outra conta para descobrir o vencedor. No dia a dia mostre para ele que é útil fazer contas de cabeça, por exemplo, quando for calcular a gorjeta numa conta de restaurante, ou dividi-la entre todos. Assim seu filho entende que é importante aprender a tal da matemática para usá-la diariamente. Desenvolver o lado matemático dele é um ponto básico para que no futuro ele possa lidar com o seu próprio orçamento.

ENSINE A ECONOMIZAR GASTANDO

Leve seu filho às compras desde pequeno. Mostrar-lhe como fazer escolhas é uma ótima lição.

Pode parecer um paradoxo, mas levar as crianças às compras é uma boa oportunidade de ensiná-las como não gastar ou, pelo menos, como comprar o que realmente interessa.

A partir do momento em que seu filho consegue compreender o conceito do verbo comprar, está pronto para encarar uma seção de loja. Nessas ocasiões, lembre-se de que você não vai "só" adquirir, mas, sim, dar uma aula. Comece pela lista, ensine como é feita checando o que tem e o que não tem na despensa. Esse é o primeiro passo para ele aprender o significado do que é necessário e do que não é. Depois leve-o ao supermercado e ensine alguns conceitos básicos. Mostre que são oferecidos produtos similares, com preços diferentes, e que a escolha óbvia é pelo mais barato. Por outro lado, saliente que algumas vezes você decide gastar um pouquinho mais por um produto melhor, e explique para ele essa diferença. Peça para ele prestar atenção na quantidade, dá para economizar escolhendo uma embalagem maior, por exemplo. Introduza-o no mundo das ofertas.

Ensine a importância de ter noção do preço de cada produto antes da compra, para saber se vale ou não a pena adquiri-lo. Outro detalhe que precisa ser observado é quanto à qualidade do que vai ser comprado. É de boa marca? Está em bom estado?

Para salientar como não cair em tentação, faça com que ele encare a prateleira de bolachas (ou de qualquer outra delícia que seja difícil resistir, como sorvetes) e pegue apenas o que está na lista. Explique como e por que faz cada escolha. Aliás, o fato de ter de demonstrar seus critérios pode ser um bom momento para revê-los. Assim, além de ensinar a seu filho, você mesma pode passar a fazer uma compra mais consciente.

O próximo passo é ir comprar um presente de aniversário para um amigo, naquela loja de brinquedos que ele ama. É preciso ensinar que esta é a vez do amigo. Por isso, nada de comprar um presentinho para ele também, porque aí a lição vai pelo ralo.

A cada idade que seu filho alcançar, as aulas podem se tornar mais sofisticadas. Logo que começar a gostar de roupas, façam compras juntos. Explique por que não dá nem convém comprar mais peças do que ele precisa ou vai usar. Por que não vale gastar tanto num produto que vai deixar de ser usado dali a pouco em razão das mudanças do crescimento. Mostre como pode ser feita uma pesquisa de preços do mesmo produto em lojas diferentes. Ensine sobre formas de pagamento, especificando as vantagens de cada uma. Peça desconto. Deixe que ele tome as rédeas de uma compra e faça todas essas avaliações sozinho, inclusive peça desconto.

Finalmente, encare a prova de fogo: se tiver uma menina, vá com ela a uma boa liquidação ou àquelas lojas de desconto. Há muito o que aprender num lugar assim (leia a respeito em "Temporada de descontos" na página 139). Para aquelas compras maiores, ensine que o melhor é pensar mais um pouquinho. Encontrou o vestido dos sonhos? Experimente, veja se cai bem e espere até o dia seguinte para ver se realmente quer e precisa dele. Um novo aparelho de TV? Avalie se realmente precisa do último lançamento. Refletindo um pouco melhor, algumas vezes a resposta pode ser não. Em outras, percebemos que a compra vale cada centavo economizado, afinal merecemos nos dar um presente e não podemos nunca esquecer que não é para tirar dos filhos o prazer que existe no consumo, apenas aprender a saboreá-lo nas horas certas.

P.S.: Fazer compras erradas faz parte do processo de aprendizado. É o tal "errando é que se aprende", portanto, se sua filha comprou uma blusa que nunca conseguirá usar, ou se seu filho insistiu em adquirir um brinquedo que quebrou na primeira vez, acuse o erro sem exagerar e explique como não repeti-lo da próxima vez. Pode ter certeza de que a frustração o encarregará de pensar duas vezes no futuro.

HOJE A NOITE É BELA

Como fazer o Natal não ser uma data para celebrar o consumo – sem acabar com a troca de presentes

Na casa dos meus pais, sempre teve presente, mas na hora certa. Quando eu era pequena, no aniversário, a gente tinha de escolher: festa ou presente. Nunca ganhei nem lembrancinha pelo Dia das Crianças. Minha mãe dizia que era uma data inventada para consumir. No Natal, nosso primeiro presente foi um chiclete, daquelas embalagens que vêm com cinco, um para cada irmão. Ouvindo isso, parece que eu sou uma coitadinha. Nada disso. A parcimônia não impediu que eu tivesse 56 bonecas (lembro-me do número até hoje), roupinhas, brinquedos, triciclo... Eu ganhava de avós, padrinhos, tios, amigos... Curtia todos, inclusive o chiclete.

Depois, minha mãe foi ficando mais mão aberta (ou meu pai recebendo mais dinheiro), tanto que ganhei uma bicicleta de Natal: tenho uma foto do exato momento, a cara de alegria estampada no instantâneo é de dar inveja.

Meus filhos ganham presente de Natal. Ganham de aniversário, apesar de terem dado festa todos os anos. Ganham de Dia das Crianças. E de viagem. Resisto muito e raramente dou alguma coisa fora dessas datas. Quando isso acontece, eles ficam maravilhados, como se fosse um milagre, porque já se acostumaram com as regras.

Quando vai chegando o Natal, o assunto "começa a pegar". Os anúncios na televisão, nas revistas, em tudo quanto é lugar, não deixam a peteca cair. Não há como resguardar as crianças da sedução ao consumo que assola o país, aliás, o mundo.

Na casa dos meus pais, comemoramos o nascimento de Cristo com tudo a que temos direito. São quase setenta pessoas. Tem criança vestida de anjinho para colocar o menino Jesus na manjedoura, missa, ceia superfarta, serenata de violão do meu pai e... presentes. Uma árvore cheia deles.

Passado o Dia das Crianças, meus filhos já começam a fazer uma lista do que gostariam de ganhar de Natal. Pensam no presente do *nonno* e da *nonna* (que são meus pais), dos avós (que são os pais do Antonio), dos tios (de todos os lados), padrinhos... Eles fazem listas e dão sugestões. Mas também me perguntam quem vai se vestir de anjinho, em que dia voltamos da praia para comemorar o Natal ou se meu pai vai tocar violão ou gaita naquela noite. No ano passado, perguntaram se não tinha uma leitura para eles – as crianças sempre participam da missa.

Para meus meninos, o Natal não é só a árvore e seu conteúdo. Isso é um alívio. Antes ficava incomodada com o assunto. Achava que era importante preservar o espírito da festa. Mas, de repente, compreendi que temos a missa, o encontro da família, a diversão, e que a troca de presentes é apenas um momento da celebração. Um momento importante, mas nunca o mais importante.

Percebi que abolir as lembranças embaixo da árvore ou mesmo optar por um paliativo, como o amigo-secreto – solução usada por muitos que querem economizar, mas que mantêm o mesmo espírito de gastança natalino –, não faria com que meus filhos se tornassem menos consumistas. A solução seria mostrar para eles o outro lado do Natal, fazendo com que a festa seja mais gostosa, priorizando o contato com a família, minimizando a importância dos presentes. Acho que temos conseguido. Esse é o melhor presente de Natal para mim.

VIVA O TIO PATINHAS!

Vale lembrar as histórias engraçadas e as lições de economia que as crianças podem aprender com esse personagem

A gente não vive dizendo que nossa sociedade é muito consumista, reclamando que as crianças só sabem pedir presentes e fazer compras? A única maneira de contra-atacar é ensinar a elas a valorizar (e não supervalorizar) e respeitar o dinheiro. Tudo na medida certa, é claro. A gente sabe que, com criança, exemplo é tudo. Falar para elas das maravilhas da leitura e não abrir um livro, com certeza, não vai surtir efeito. Com dinheiro é a mesma coisa. Só vai respeitar e valorizar o dinheiro quem tiver pais que façam o mesmo.

Mas sugiro que você use outros exemplos, que não seja apenas o seu. Que tal usar um personagem famoso dos quadrinhos para dar uma força? Juro que não estou ganhando nada com *merchandising* do Tio Patinhas aqui.

Pense em suas histórias e repare nas lições econômicas que, subliminarmente, se apreendem de suas páginas. Se você estiver por aí pensando que eu estou fazendo uma apologia a uma das figuras mais sovinas que conhece, peço para repensar o assunto. Com seu jeito extremado, ele acaba passando algumas boas lições.

A moedinha número 1, por exemplo. Ela é uma espécie de amuleto, o primeiro dinheiro que Patinhas ganhou na vida. Quantas outras moedinhas como aquela ele já juntou na sua caixa-forte, mas não deixa de cuidar dela? É uma maneira de a criança copiar o pato e valorizar o primeiro dinheiro que ganha: a sua semanada. A caixa-forte, por outro lado, é um jeito diferente de explicar o conceito de poupar. Tudo o que Tio Patinhas consegue vai direto para a caixa-forte.

Aliás, com o fato de ele guardar tudo o que ganha, é possível ensinar aquele velho ditado que diz: "de grão em grão a galinha enche o papo". Tio Patinhas não despreza nenhuma quantia, e isso é muito importante que seu filho aprenda, para você não ouvir depois: "Ah, mããão, só custa 5 reais". Qualquer dinheiro é dinheiro e tem um preço para ser ganho.

Mais do que tudo, Tio Patinhas é econômico, vive dizendo que não precisa de uma coisa, porque possui outra parecida. Que não vai gastar o dinheiro do carro se pode ir de ônibus. Chega a ser realmente avarento – não à toa virou sinônimo de pão-duro. Use esse exemplo para conversar com seu filho sobre a diferença de ser mesquinho ou perdulário e como pode existir um meio-termo mais saudável.

Além de aprender lições de economia, seu filho vai exercitar a leitura e se divertir, o que já é muito bom. E se depois de ler as histórias do Tio Patinhas ele se tornar um pouco pão-duro também, não vai fazer tanto mal assim,vai?

AJUDA EXTERNA

Educação financeira a gente ensina em casa, sim, mas já pensou em usar a escola como aliada?

Minha sobrinha Teresa está no ensino médio e é uma daquelas adolescentes cheias de vida, animadíssimas, que adoram uma novidade. No colégio em que ela estuda foram oferecidos alguns cursos extracurriculares e atividades, e ela não teve dúvidas: inscreveu-se em todos. Aprendeu muito. Um deles foi para conhecer a Bolsa de Valores de São Paulo e, no outro, ela e alguns amigos tiveram de criar uma empresa, vender suas ações, fabricar o produto e colocá-lo no mercado. A ideia deles foi criar as bolsas Twice ("duas vezes", porque as bolsas podiam ser usadas dos dois lados). Foi um sucesso, venderam tudo. A ação que comprei da Twice valorizou, ganhei quase o dobro do que investi. Muito bacana.

Vários economistas defendem a ideia de que as escolas deveriam incluir em seu currículo uma disciplina sobre educação financeira. Estou com eles e não abro. Enquanto não existe nenhuma lei regulamentando o assunto, minha sugestão é você mesma propor na escola de seu filho a inclusão de uma atividade a respeito. A abordagem pode ser feita por meio da Associação de Pais e Mestres (já pensou em participar dela?) ou num contato direto. Os cursos serão diferentes, dependendo da idade da criança.

No Rio de Janeiro, por exemplo, existe uma escola chamada Pólen que desenvolveu um jogo para a hora do recreio, em que é feita uma simulação da vida real com empresas fictícias como o Banco Itacosmo e a loja Doçura. Cada série é responsável por uma dessas instituições. Crianças com seis anos já participam da brincadeira. Todo mundo recebe salário, os menores podem comprar doces, os mais velhos têm conta em banco e usam cheque para suas compras. Para complementar o aprendizado, todos visitam bancos e correios de verdade, além de pesquisarem em jornais para ver como as instituições funcionam na vida real. A experiência estimula a criança a se tornar independente e responsável, além de ser uma diversão. Que tal sugerir uma atividade parecida na escola de seu filho?

Mas se a resposta for negativa, pelo simples fato de a instituição não se sentir preparada com relação a esse assunto, não tem problema, pode ser feita uma parceria com algumas organizações que já têm *expertise* no tema. Veja alguns exemplos abaixo:

- **Junior Achievement** – É uma instituição fundada nos Estados Unidos em 1919, que hoje atua no Brasil e procura despertar o espírito empreendedor nos jovens. Oferece diferentes programas para o ensino fundamental e médio. Em um deles, os adolescentes criam uma empresa de verdade, vendem ações e com esse capital desenvolvem o produto, depois devem comercializá-lo e finalmente prestar contas aos acionistas. Para participar de qualquer uma das atividades, basta cadastrar-se no site da organização: <www.jabrasil.org.br>.

- **The Money Camp** – É um programa que procura passar conteúdo sobre finanças para crianças e jovens. Os cursos podem ser ministrados na escola ou feitos em um acampamento de férias. Por meio de brincadeiras, jogos e atividades interativas são ensinados conceitos como o real valor do dinheiro, impostos, juros simples e compostos, planejamento financeiro... Para entrar em contato, acesse: <www.themoneycamp.com.br>.

- **Bolsa de Valores de São Paulo (Bovespa)** – Oferece curso para crianças de 11 a 14 anos ou de 15 a 18 anos, ministrado por profissionais da própria Bolsa, com duração de 4 horas. Ensina as formas de poupança, como funciona o mercado de ações, o sistema financeiro brasileiro, e dá dicas para administrar a mesada. Para a escola de seu filho participar é preciso que ela faça a inscrição no site da instituição: <www.bovespa.com.br>.

TÁTICAS ANTICONSUMO

Pais e mães contam o que fazem para driblar o consumismo dos pequenos

Em algumas ocasiões, como Natal, Dia das Crianças, viagens etc., o consumismo dos nossos meninos aumenta. Acabei de passar por isso com o meu caçula em uma viagem. Tiago queria tudo. Até numa farmácia ele encontra o que consumir. Com ele, é preciso estar sempre alerta para dizer não. NÃO, de bom humor. NÃO, com explicação. NÃO, aos berros. Todos os tipos de NÃO. Mesmo assim, parece que ele NÃO aprende.

Minha irmã jura que eu era parecida. Mas, na minha época, nos anos 1970, o consumismo era menor. Eu me lembro de pedir uns aneizinhos de lata vendidos numa barraca na feira perto de casa. Acho também que minha mãe era mais brava, impunha mais respeito, ou eu tinha mais medo, não sei.

Meu filho não tem vergonha de pedir. É um pedinte profissional. Para combater, meu marido e eu descobrimos algumas táticas para desarmá-lo. Quando assistimos à televisão, por exemplo, sabemos que as propagandas vão instigar sua sanha consumista. Então, antes que ele peça, nós falamos: "Tiago, que legal. Eu quero!". Ele ri e fica quieto. Outras vezes damos um nó na cabeça dele. Ele deseja uma coisa e a gente vai perguntando: "Mas você quer as cartas do Pokémon ou uma bola nova? O iPod (sim, ele já pediu um iPod) ou o celular (idem, idem)?". Aí ele vai ficando na dúvida e então dizemos: "Bom, vamos pensar e depois a gente conversa". Quando estou bem paciente, explico-lhe que dinheiro não cresce em árvore, que o papai e a mamãe trabalham muito, que presente requer um dia especial... blá-blá-blá...

Mas, para aumentar meu repertório, acabei fazendo uma enquete com amigos em busca de novas táticas para conter o consumismo das crianças – fiquei aliviada ao constatar que o mal do Tiago assola outras famílias também.

Giuliana, mãe de Gabriel e Sophia, criou uma regra: para entrar um brinquedo novo em casa, sai outro. Quando Biel pede uma coisa, ela então pergunta o que ele vai mandar para a creche, dando sugestões dos objetos mais queridos. Ele acaba não querendo se desfazer de nada e deixa pra lá.

Já Solange, mãe de Marília e Fernando, conta que sua afilhada é o consumo em pessoa. "Quer até comprar cachorro na pet shop." Outro dia ela pediu tanta coisa que Solange resolveu convidá-la a se mudar para o shopping. Foram a uma loja de colchões ver onde iriam dormir, à praça de alimentação para saber onde seria o jantar, e quando a menina percebeu que ficaria longe de suas coisas, desistiu.

Adriana, mãe de Bruna e João Pedro, adorava comprar presentes com o filho. Hoje não vai mais, porque ele começou a fazer beiço e a pedir tudo. A partir daí, ela criou certas combinações como: adquirir figurinhas aos sábados e alugar DVDs só às quartas-feiras, quando é mais barato.

Sylvia, mãe de Luísa e Clara, sugere que as meninas gastem as moedas que economizam. Mas, como as garotas não querem ficar de cofrinho vazio, acabam optando por poupar. Nesse caso, elas se sentem "adultérrimas" pela escolha.

Isadora e Giulia, filhas de Estela, são adolescentes, portanto, a mãe consegue ensinar que, se elas não gastarem em bobagem hoje, poderão comprar uma coisa mais bacana amanhã. Jura que funciona.

Carla garante que, quando Nick, Kiko ou Anna pedem alguma coisa, logo pergunta se é Natal ou aniversário. Aí ela dá a ideia de fazer uma lista para quando chegarem essas datas. Kiko, o caçula, está sempre com a dele em dia.

As ideias serviram de inspiração. São formas de ensinar a nossos filhos o valor das coisas. Presente é bom, mas é preciso conquistá-lo, saber valorizá-lo, ser especial. Senão, além de banal, tenho certeza de que nunca trará satisfação e logo a criança vai querer mais.

A GRAMA DO VIZINHO

Seu filho começou a reparar no que os outros têm. Cuidado para não cair na cilada da comparação.

Desde que o mundo é mundo, as crianças costumam comparar o que elas têm com o que os amigos têm. É assim, e ponto. Nesse caso, ou você fica bem firme com o que acredita ser necessário para seu filho, ou pode entrar na maior fria.

Não importa a idade da criança. A partir do momento em que aquele seu lindo bebê conseguir prestar atenção nos bens materiais, vai começar a achar que a grama do vizinho é sempre mais verdinha. As comparações com os amigos começam cedo e passam por todo tipo de produto. Aos sete anos seu menino comenta sobre a quantidade de *cards* que um amigo compra. Aos oito anos, sua menina tece elogios a uma nova boneca que a amiga ganhou de presente. Aos nove anos, o assunto pode ser a quantidade de fitinhas de videogame do primo. Na adolescência... esquece! Aí tudo o que os amigos e as amigas têm é melhor, maior, mais bonito. Ufa!

O curioso é que, se você for ouvir a conversa na casa da tal amiga que tem a nova boneca, ela nunca estará falando para os pais sobre como é feliz por possuir bem tão desejável. Com certeza, também ela estará reclamando de algo que uma amiga tem e ela não.

Para os pais, fica a árdua tarefa de resistir à pressão, de não cair nessa armadilha, de mostrar para as crianças que cada um é um e que cada família tem seus valores e suas possibilidades. Para saber lidar com essa situação, há uma saída: definir as regras da casa de antemão e se ater a elas. A pior coisa a fazer é confundir a cabeça de seu filho dando direções diferentes a cada dia. Crie critérios de quando serão dados presentes, quanto será gasto nessas ocasiões, em quais situações vocês vão jantar fora, sempre com padrões para as decisões. Defina qual o critério para comprar uma roupa nova: o crescimento, uma data especial, a nova estação... Com normas definidas, ficará fácil explicá-las.

E não deixe de fazer uma autopropaganda. Sempre que puder, procure mostrar para ele as vantagens que ele tem, mas sem se vangloriar disso, porque senão você estará reforçando o ato da comparação – só que ao inverso. Seu filho precisa ter claro o que e quais são seus limites, afinal, limites vão existir na vida dele sempre.

⁂

IH, PERDI...

Perder alguma coisa querida pode trazer uma boa lição – para eles e para você

Tiago foi passar o final de semana na casa do Arthur, seu grande amigo da escola. Com ele foi seu Gameboy e todas as suas fitas. Ao chegar de volta a casa, o *nécessaire* das fitas tinha sumido. Estava no carro e desapareceu. No dia seguinte, lá fomos nós (Tiago, eu, o Arthur e seu pai) até a estrada ver se encontrávamos o tal *nécessaire*. Tínhamos chegado à conclusão de que, ao saírem apressados do carro para fazer xixi no meio da viagem, deviam ter derrubado as tais fitas. É claro que alguém encontrou o objeto antes de nós – e deve ter ficado bem feliz com a sacolinha...

Meu filho ficou acabado. Devo dizer que nós também. Afinal, há anos ele vinha colecionando suas fitas, pedindo de presente de Natal e aniversário. O pior é que ele tinha cuidado de tudo com atenção todo o final de semana. Minha vontade era ir a uma loja e repor a perda. Antes que meu coração mole tomasse alguma atitude, o Antonio, meu marido, contou o quanto estava bravo com o que havia acontecido e determinou: "ele que não pense que vamos lhe dar as fitas de volta. É importante que ele aprenda com a perda". Lá fiquei eu pensando sobre o conceito de "aprender com a perda".

Antonio tinha razão. O fato se tornou um bom exercício de valorização e cuidado. Primeiro meu filho ficou triste, mas também teve o bom senso de não ficar remoendo. Viu que tinham sobrado três fitas, lembrou-se de que o Natal estava perto e começou a juntar dinheiro para comprar alguma. Reparou também que, das fitas que tinha, algumas ele não usava mesmo, outras não tinham mais graça. Descobriu que com muito menos ele estaria mais do que satisfeito.

Resolvi dar uma ajuda ao destino e espalhei para algumas pessoas de coração bom, que foram se cotizando para dar a ele fitas de presente de Natal (os meus pais deram uma, a madrinha comprou mais uma, a minha prima que veio de férias na nossa casa de praia trouxe outra...). Outros parentes se dispuseram a presenteá-lo no aniversário que seria dali a três meses. Pena que eu acabei incentivando enquanto deveria ter feito o Tiago falar com as pessoas; seria uma maneira de ele aprender a ir atrás do que quer, crescer, amadurecer...

Posso dizer que o resultado dessa experiência foi positivo. Ele ficou algumas fitas mais pobre, sem dúvida, mas muito mais crescido.

Ele aprendeu a importância de cuidar melhor de suas coisas, quanto custam essas fitas e que nada cai do céu. Acima de tudo, aprendeu a lidar com uma grande frustração. Nós descobrimos que ele é mais forte do que imaginávamos, que foi bom ele ter enfrentado essa frustração sem termos de correr atrás para reparar a perda, e essa perda foi uma maneira de ele valorizar o que tem, e também o seu dinheiro.

Acho que a experiência pode servir de inspiração para outras perdas. É a segunda vez que some o casaco do seu filho na escola? Que tal ele ajudar a pagar por outro? O celular desapareceu? Deixe-o telefonando do orelhão por um tempo. Eles precisam aprender a dividir os prejuízos e só vão fazer isso se puderem sentir a perda. Assim, vão começar a dar valor ao que têm, compreender o custo das coisas e entender que têm de responder por seus atos.

EXERCITAR O DESAPEGO

Um propósito que deve ser apresentado aos filhos desde que consigam compreender o conceito

Estou passando por um daqueles momentos de ordem. Sabe quando a dona da casa coloca tudo dos armários abaixo e começa a limpar, organizar, doar... Um caos. A causa desse pandemônio foi uma traça. Por causa do tal inseto, a ordem se estendeu por todos os domínios da casa. Inclusive o dos brinquedos. Já reparou quantos brinquedos aqueles pequenos seres, que mal saíram das fraldas, são capazes de ter? Um absurdo.

Pois conversamos muito seriamente aqui em casa sobre pessoas que têm muito e outras que não têm nada. Sobre brinquedos que foram ganhos há dois anos e estavam intactos, sem nunca terem sido usados. Sobre ter mais de um mesmo jogo guardado na prateleira. O resultado foi que convenci os meninos a colocar ordem nos brinquedos e dar o que não fossem usar.

Até o ano passado, toda vez que era tomada por um desses surtos, por mais que insistisse, o máximo que meus filhos conseguiam dar eram lembrancinhas de festas e brinquedos quebrados – que mereciam o lixo. Devo admitir que Luca, o mais velho, sempre foi mais generoso, enquanto Tiago era muito grudado aos seus pertences. Este ano me surpreendi. Os dois, depois de ouvirem uma preleção sobre crianças que não têm com o que brincar, se encheram de amor ao próximo e doaram boa parte de seus brinquedos. Muitos mesmo. Fiquei orgulhosa.

Meu caçula, que geralmente é o mais apegado, perguntava se os pobres iriam gostar de um jogo, se ficariam felizes em brincar com um boneco novinho para o qual ele nunca tinha dado bola. Quis doar sua coleção de fantasias. Separou vários carrinhos com os quais não brincava mais. A cada gesto fui ficando mais emocionada, parecia que um trabalho de anos, a mesma ladainha sobre dividir repetida a cada ordem, finalmente surtia efeito. Meu êxtase culminou com o momento em que Tiago se ofereceu para olhar suas roupas para dar algumas às crianças que precisassem.

Fui dormir contente, convencida de que a gente colhe o que planta, mesmo que a árvore demore um pouco a dar frutos.

BÔNUS E RECOMPENSAS

Essa metodologia é muito usual nas empresas, e ela pode ser aplicada em casa com sucesso.

Meu marido trabalha em uma empresa onde os bônus anuais fazem parte do sistema de remuneração. Os funcionários são avaliados dentro de sua atuação e recebem um valor variável a cada semestre, conforme seu desempenho. Já fui funcionária de uma editora em que a política de bônus foi introduzida e devo dizer que a possibilidade de ser remunerada por meu próprio mérito me soava bem sedutora. O bacana é que discutíamos uma proposta de metas para o ano e depois avaliávamos os resultados. Tudo transparente e claro.

Ficamos pensando em como adaptar esse tipo de relação em casa. É claro que não dá para pedir para os filhos preencherem um relatório de metas e depois avaliar seu desempenho. Até porque nossa função é educar e quem deve estipular as metas somos nós mesmos. Além disso, é perigoso que eles passem a considerar qualquer tarefa ou atitude passíveis de bônus. Daí para eles acharem que para dizer bom-dia, agradecer ou dar um beijo precisam ganhar dinheiro é um pulo. Fuja disso!

No entanto, recompensar algumas atitudes tem seu lado positivo, quando se trata da educação financeira.

Se seu filho for pequeno e estiver aprendendo como é o funcionamento das moedas e de seus valores, você pode incentivá-lo a conhecê-las e a guardá-las usando de um artifício: diga-lhe que dará uma moeda igual para cada uma que ele guardar. Assim ele aprenderá a conhecer os tamanhos e os valores, checando se você realmente lhe deu uma igualzinha. Nesta ocasião, aproveite e procure um comerciante que se interesse por troco. Meu cunhado, por exemplo, tinha um conhecido num café perto da casa dele. De seis em seis meses, ele e os filhos levavam seus potes para trocar moedas por notas. Foi o primeiro passo para eles compreenderem essa correspondência. Ao mesmo tempo, nessa hora meu cunhado mostrava o quanto era a metade do que todos tinham guardado, valor correspondente ao que ganharam dele. Ficava claro o fruto da poupança. Como juros, ganhavam um cafezinho de presente do dono do bar que adorava conseguir troco.

Quando seus filhos forem um pouco mais velhos e já receberem mesada ou semanada e você quiser que eles abram uma caderneta de poupança, use de uma tática que, como já falei antes, estipulei aqui em casa: disse que dobraria a quantidade de dinheiro que eles conseguissem poupar no primeiro depósito. Esse foi um incentivo para eles abraçarem a ideia. Como queria que eles continuassem a economizar, propus um prêmio cada vez que alcançassem uma determinada quantia na poupança. Tem funcionado.

Esse mesmo critério pode ser usado para quando a compra for maior e for necessário montar um planejamento econômico para consegui-la. Primeiro estude as ideias de poupança dele a cada mês; depois, se quiser ajudar, você tem duas possibilidades: dar uma recompensa surpresa, por ele ter alcançado o que se propôs, ou sugerir que receberá um bônus a cada etapa que conseguir cumprir. É uma boa maneira e ensiná-lo a fazer um planejamento.

Adolescentes, geralmente, têm aqueles sonhos de consumo um pouco além de suas posses. No lugar de ficar desesperado com o consumismo latente, aproveite a oportunidade de oferecer algum prêmio para que seu filho execute alguma tarefa caseira. Só não vale pagar por tarefas simples que já deveriam ser das crianças, como ajudar a tirar a mesa, lavar o próprio prato ou coisas que na sua casa já fazem parte das funções de cada um. Precisa ser alguma coisa maior, que exija certo esforço. Meu irmão, por exemplo, quando tinha 16 anos, queria uma prancha de surfe nova. Então ele se ofereceu para pintar o teto da cozinha no lugar do pintor. Demorou um pouco mais, não ficou tão bom, mas valeu o esforço. Ele ganhou o que faltava para alcançar seu sonho.

É importante que esse bônus ou recompensa seja suficientemente sedutor, a ponto de fazer seu filho "querer" e se esforçar para alcançá-lo, mas não enorme, afinal, trata-se de um incentivo e não de um prêmio de loteria.

EMPRÉSTIMO, ÀS VEZES, VALE A PENA

A experiência de uma amiga mostra como ensinar a seu filho sobre responsabilidades e obrigações financeiras

Há algum tempo, Luís, filho da minha amiga Paula, queria comprar um novo brinquedo. Insistiu tanto que minha amiga resolveu que seria um bom momento para oferecer um empréstimo a ele e, a partir daí, ensinar-lhe algumas lições. Devo dizer que o resultado foi positivo – além de o garoto ter cumprido o trato e aprendido o que é um empréstimo, descobriu que deveria pensar mais antes de fazer uma compra.

Acontece que o Luís recebia, na ocasião, uma semanada de 10 reais. Como tinha acabado de aplicar um bom dinheiro na sua poupança, restavam 30 reais na carteira para gastar. Menos da metade do que pretendia desembolsar (84 reais era o preço do brinquedo). Combinaram que ela adiantaria esse dinheiro para ele e descontaria 15 reais por mês. Paula aproveitou a ocasião e contou ao Luís sobre os juros que geralmente são cobrados nessa espécie de transação, porém, disse que os seus juros não seriam em espécie, mas em ações.

Desde que ele se comprometesse a fazer em casa algumas coisas que ela vivia lhe pedindo (desligar o computador, arrumar a cama, ajudar o irmão...), não precisaria pagar nada além do valor emprestado.

Tudo acertado, ele comprou seu brinquedo. As prestações foram pagas sem problemas, já que bastava que fossem descontadas da sua semanada. Portanto, ela não sofreu com inadimplência. Todavia, no segundo mês, Luís já reparou que empenhar quase 40% do que ganhava para uma compra comprometia seu orçamento. Ele não poderia pensar em outros gastos nesse período, nem em ir mais de uma vez ao cinema com os amigos. Afinal, além da dívida, ficou totalmente descapitalizado. Não que ele seja um gastador, mas a sensação de privação foi esquisita para ele. Era exatamente isso que a mãe queria.

Conversaram, então, que numa próxima vez o ideal seria que ele se capitalizasse mais antes de gastar. O melhor seria que ele economizasse para comprar ou, no máximo, que encontrasse um ponto médio entre o tamanho da prestação e a duração da dívida.

Paula aproveitou para contar ao filho que empréstimo não é um bicho de sete cabeças, que muitas vezes ele é necessário. Mas que esse tipo de transação geralmente deve ser usado nos casos em que a pessoa realmente "precisa", não quando apenas "quer" uma coisa. Inclusive, deu o exemplo de quando ela e o marido pediram um empréstimo para a compra da casa própria. Explicou-lhe que em algumas ocasiões vale a pena ter uma prestação alta para um bem maior. Mas ressaltou que essas contas precisam ser pensadas, porque o mais importante de tudo é sempre dar o passo conforme a perna.

Luís já quitou sua dívida há mais de um ano. Nesse período, algumas vezes Paula se viu sem dinheiro na carteira para pagar alguma coisa e foi ele mesmo quem lhe emprestou – sem cobrar juros! Só uma vez ele pediu outro empréstimo, num valor bem mais baixo e de rápido pagamento. A lição valeu!

CELULAR: DAR OU NÃO DAR, EIS A QUESTÃO

Aparelho de celular virou objeto
de desejo da criançada.
Afinal, qual é a hora certa de dar?

Na festa de aniversário de sete anos do meu filho Luca, uma amiguinha dele tinha um celular muito bacana. Devo dizer que me senti meio jurássica naquele momento – meu aparelho parecia um Tiranossauro Rex. Depois fiquei indignada: "como é que aquele projeto de gente tem um celular melhor do que o meu?". No final, concluí que os pais da menina "eram loucos, não tinham consciência do que estavam fazendo".

O fato é que naquele momento o Luca estudava num colégio o dia todo – portanto, quando precisava me ligar, usava o orelhão. Ao sair do colégio, estava sempre com alguém conhecido que tinha seu próprio celular. Eu nunca vi motivo para ele ter seu aparelho. Algumas vezes ele me pedia um e eu lhe perguntava: "Para quê?". A resposta era variada: "por causa dos joguinhos", "para ouvir música", "caso eu precise falar com você"... Na verdade, ele queria ter um celular só porque os amigos também tinham. Mas como ele sempre foi cordato e gosta de ser racional, fui enrolando o mais que pude. Luca foi o último da classe a ganhar a tal geringonça. Expliquei a ele que o celular só seria necessário quando ele começasse a sair sozinho e, por algum motivo, eu precisasse falar com ele. Por exemplo, quando fosse ao cinema ou passear no shopping com os amigos. No último ano, em três ocasiões, achei que seria bom se eu pudesse achá-lo, e não consegui. Por isso, capitulei. Comprei com meus pontos acumulados na operadora de celular um aparelho para ele. Ele ganhou de presente de Natal.

Por que estou falando disso aqui? Parece um manifesto antiempresas de telefonia. De jeito nenhum, amo meu celular. Só acho que temos criado situações desnecessárias para nossos filhos; eles acabam querendo certas coisas só porque os outros têm, sem utilidade. Celular é um ótimo exemplo.

Antes de comprar um para seu rebento, veja se ele realmente tem finalidade. Pense um pouco no dia a dia dele e imagine quando ele realmente teria necessidade de um telefone próprio. Eu tenho uma amiga que é separada, deu um celular para o filho para poder falar com ele facilmente quando ele passa o final de semana na casa do pai. Neste caso, acho que ela está coberta de razão.

Sabe o que eu descobri? Celular é um ótimo motivo para ensinar o valor das coisas e dar noções de economia. Desde a decisão de dar ou não o aparelho, passando pelo momento da escolha do modelo e até no plano de telefonia escolhido, você pode ensinar alguns conceitos simples para eles, quer ver?

- **Procure comprar um telefone com os pontos que acumulou no seu plano de celular.** Avaliem juntos o custo (número de pontos) X benefício (modelo). É bom que ele escute suas considerações a respeito e faça as dele. Vale realmente a pena pagar, além dos pontos, por um modelo ultramoderno?

- **Prefira um plano pré-pago para ele e estipule uma quantia que subsidiará por mês** (não precisa ser muito!). Eu sei que nesta modalidade o minuto custa mais caro, mas será uma maneira de colocar um limite e ensinar o quanto ele pode gastar. Você vai ver como ele aprende rapidinho. Logo, logo vai estar a par das promoções que permitem enviar mensagens de texto como bônus. Descobrirá um jeito de não pagar a ligação para você (nem que seja ligando a cobrar). Aprenderá a economizar com você para gastar com os amigos e que há uma data determinada para gastar todos os créditos... Toda essa administração da conta de telefone dele já é uma lição e tanto. Conceitos simples, mas que fazem muita diferença na hora do telefone funcionar ou não – e que ele vai poder levar para outras coisas na vida.

- **Crie algum tipo de critério para o caso de ele perder o aparelho** – porque é muito provável que isso aconteça. É uma maneira também de ele dar valor e cuidar do tal celular.

Ao perceber isso tudo, cheguei à conclusão de que o celular, de inimigo, virou meu amigo. Mas também descobri que o conceito só será válido quando nosso filho for grande o suficiente para entender esses conceitos – e, enfim, ter seu celular!

PECHINCHE, PECHINCHE, PECHINCHE!

Deixe a vergonha de lado e não se acanhe: pechinche! Principalmente na frente dos seus filhos.

Outro dia fui com uma amiga a uma dessas lojas para bebês cheias de carrinhos sofisticados. Ela gostou de um deles (bacanérrimo, por sinal), chamou a vendedora e falou: "Gostei muito deste. Gostaria de comprá-lo, mas queria um desconto". Estranhei, nunca imaginei esse tipo de atitude quando o preço está impresso num cartão afixado no produto, mas aguardei. Dali a pouco, a vendedora voltou com um valor menor. Minha amiga, porém, não ficou satisfeita com a nova proposta e disse: "Adorei mesmo, pago à vista, mas gostaria de dar tanto". Fiquei olhando meio boquiaberta, boba mesmo. Minha amiga vive confortavelmente, costuma gastar, e estava ali, com a maior sem-cerimônia, pechinchando o carrinho para o filho. Final da história: ela levou para casa seu carrinho, toda feliz, e pelo preço que queria.

Eu voltei para a minha casa com as mãos abanando, mas com uma grande lição. Nunca fui do tipo que pechincha. Achava que o valor da etiqueta é justo e pronto. Nunca imaginei que as pessoas têm uma margem para negociação.

No dicionário, pechinchar significa pedir abatimento no preço, procurar comprar barato, barganhar, regatear... Não sou boa nessas coisas, fico com vergonha, mas depois desse dia aprendi que vergonha é para quem gosta de jogar dinheiro fora. Venho procurando dar meus primeiros passos nessa arte. O melhor é que tenho tentado fazer isso principalmente na frente das crianças, como exemplo. Lembro-me bem da minha avó. Ela era *expert* no assunto. Morro de inveja quando me recordo de suas qualidades como pechincheira. Minha irmã, então, é a maior cara de pau. Uma vez quase se estapeou com um vendedor num mercado (note que, depois do embate, ela também voltou com o que queria embaixo do braço e com desconto). Em homenagem a elas, e com a ideia de ensinar meus meninos, começo a me arriscar a pechinchar. Comedidamente, é claro. Quero que eles aprendam. Até para um passeio na escola, pedi desconto – e consegui! Na ocasião meu filho perguntou se eu não tinha dinheiro, aproveitei para explicar que tinha, mas que é preciso cuidar para que ele não acabe. Expliquei que ao pedir um desconto a pior hipótese é receber um não, mas existem outras, que vão desde economizar um tanto a parcelar em várias vezes o produto. Só traz vantagem. Afinal, muita gente acrescenta uma gordurinha no preço.

Não que eu vá mudar da água para o vinho, mas comecei a perguntar nas lojas: posso pagar este preço em quantas vezes? Depois da resposta, falo: e se eu pagar no cartão em uma vez, o que você me dá de desconto? Aí, ao lembrar que o cartão cobra 5% de taxa de administração, questiono se a loja daria esse desconto no cheque à vista. Ainda não estou muito convincente, mas já economizei um tanto nos últimos tempos.

Descobri que a conversa, quando é com o dono do estabelecimento ou com o prestador de serviço, fica mais fácil. Vendedoras são atravessadoras que atrapalham a negociação, mas mesmo assim eu tenho tentado. Outro dia meu filho me perguntou se eu não iria pedir desconto no posto de gasolina. Respondi-lhe que no posto não, mas que iria pedir para parcelarem no cartão e consegui (só fiz isso para ele aprender mesmo, porque acho chato parcelar gasolina). Passei a fazer propaganda de minha atitude com eles e com os amigos. O *slogan* é: "Não tenha vergonha, PECHINCHE, dê valor a seu dinheiro". Garanto: vale a pena!

UM OUTRO LADO DA DISNEY

Aproveite uma viagem para o mundo do Mickey Mouse e ensine como gastar direito o dinheiro

A Disney é o máximo! É divertida, alegre, gostosa... O que não falta são novidades. Pois, quando fui com os meninos para lá, aprendi uma "novidade" completamente diferente: a oportunidade de usar aquela viagem para ensinar alguns conceitos de "comprar direito" para eles. Acredite, é uma ótima ocasião.

A cidade de Orlando, com seus parques e *outlets*, pode ser considerada a capital do consumo do mundo. Tudo convida às compras. Os produtos são bacanas, os preços, apetitosos, e a propaganda em forma de brinquedos apaixonantes, perfeita. Mas a verdade é que o desejo de consumo (exacerbado pelo lugar) acaba sendo inversamente proporcional à quantidade de dinheiro na carteira. Portanto, antes de se aventurar nesse tipo de viagem, é bom se prevenir. Descobri duas táticas que podem ser usadas com os filhos para que aprendam a se conter.

A primeira delas é deixar que comprem uma lembrancinha por dia de viagem. Mas vale desde um adesivo até um pequeno brinquedo. Aqui o importante é aprender a fazer escolhas. Funciona muito bem com crianças pequenas, que ainda não têm noção de valor direito, portanto, nessa idade, é melhor optar por quantidade de presentes no lugar de quantidade de dinheiro.

Já quando as crianças são maiores, estipule uma quantia que possam gastar durante todas as férias. Se quiserem, podem comprar um monte de tranqueiras, ou apenas um único presentão, elas que escolham. Se gastarem tudo no primeiro dia, é preciso ser firme e fazer com que sofram por sua escolha nos outros.

Criar uma política de compras é muito prático porque:

1. Antes de mais nada, os filhos sabem de antemão que não adianta ficar pedindo presentes aqui e ali – bom para eles e um verdadeiro alívio para os pais.

2. Eles têm consciência do seu limite.

3. Além disso, na hora da compra, você poderá argumentar, falando mais ou menos assim:
   - "É isso mesmo que você quer?"
   - "Está realmente decidido?"
   - "Lembre-se de que, se comprar agora, você pode perder a chance de comprar uma coisa bem legal mais adiante."

Assim seu filho aprenderá a avaliar suas compras; elas não serão feitas por impulso e sim pensadas, portanto, serão compras melhores. E, se ele levar esse aprendizado para a vida, será um avanço e tanto!

FAÇA UM "CHEQUE-UP"

Cheque faz parte do dia a dia. Mas é preciso saber usar com cuidado. Ensine desde cedo a seus filhos.

Outro dia, conversando com os meninos, eu dizia que não tinha dinheiro para comprar uma determinada coisa, e o caçula logo tascou: "É fácil, faz um cheque". A partir daí começou uma longa aula de economia, sobre cheque com fundo, como funciona o banco etc. Ele, que é ligadíssimo, prestou atenção em tudo. No dia seguinte, eu estava preenchendo um cheque, e ele estranhou que tivesse dinheiro na minha conta. Falei que para aquilo, sim, e ele pediu: "Mãe, me deixa preencher seu cheque?". Já foi pegando a caneta e querendo fazer. Aí foi a hora de uma segunda lição. Expliquei-lhe todos os cuidados que devemos ter ao preencher um cheque. "Essas precauções começam na hora em que a mamãe recebe seus talões em casa; toda vez costumo contar as folhas e verificar a numeração." Quando me vi explicando essas coisas, me achei metódica.

Realmente conto as folhas dos meus talões de cheque. Passei a fazer isso quando minha mãe teve uma folha roubada, e foi aquela dor de cabeça. Mais do que os meus, conto os que uso em conjunto com meu marido. Como aquela conta é dele, e ele só acompanha seu extrato de alto, de vez em quando pergunta: o cheque número tal era do quê mesmo? Se for meu, tenho a resposta na ponta da língua.

Eu sou daquelas que acompanham extrato, não tão bem quanto minha mãe – ela é perfeita nisso! –, mas faço as contas. Tomo outros cuidados que ensinei para meus filhos:

- Quando chega um novo talão em casa, verifico se o nome, o número da conta e o número do CPF estão corretos. De repente é o talão de outra pessoa.

- Nunca, jamais, em tempo algum, deixo cheques em branco assinados no talão ou na carteira.

- Na hora de preencher, evito espaços em branco. Costumo colocar o número entre parênteses e um bem grudado ao outro para nenhum outro número ser acrescentado. Na parte por extenso, por exemplo, começo também grudadinho e coloco os parênteses.

- Não rasuro o cheque, pois ele pode não ser aceito. Ou pior: vai que recebe outra rasura e é adulterado.

- Parece paranoia, mas uso apenas a minha caneta ao preencher um cheque, ou de alguém em quem que confio. Vai que a caneta emprestada é uma daquelas que apagam.

- Todas as vezes que tive uma conta inativa, destruí todos os cheques dela. Para que ninguém "pensasse" em torná-la ativa novamente.

- Por mais que tenha uma máquina de escrever e a letra dela seja muito melhor do que a minha, nunca usei uma máquina para preencher cheque. Aprendi certa vez que a fita à base de polietileno é fácil de apagar e adulterar.

- No Brasil temos o hábito dos cheques pré-datados. Expliquei para os meus filhos que só se dá um desses para quem você tem certeza de que não os descontará antes – a data não é garantia de que vão esperar. Além disso, ensinei a eles a importância de criar um controle. Uma das coisas que mais doem no bolso é ter descontado um valor de um cheque emitido e esquecer que tinha dado.

Pois é, um monte de cuidados, mas não são em vão. Lembre-se de que, a partir do momento em que você resolver que seu filho alcançou responsabilidade para ter sua própria conta no banco, é importante ensiná-lo como preencher seu cheque e cuidar de seu talão para não ter problemas futuros.

UMA BOA FERRAMENTA

Ensinar seu filho a fazer um orçamento com a mesada que recebe é um treino para a vida futura

Quando a gente vai fazer uma reforma, pedir um conserto de um aparelho, encomendar uma prestação de serviço, ou passar o valor de um trabalho, não faz um orçamento? Independentemente da forma como for feito – planilha, num papel timbrado etc. –, o orçamento é uma boa ferramenta para termos uma noção de quanto iremos gastar ou ganhar. A minha proposta é ensinar essa noção para seu filho.

Se ele é pequeno, a melhor forma de fazer orçamento é usando o velho sistema de envelopes. Funciona assim: cada criança tem seus gastos. Logo que receber a mesada, deverá separar o dinheiro para finalidades diversas, por exemplo, figurinhas, lanche na escola, um dinheirinho para economizar etc.; e guardar em envelopes diferentes. No momento de pagar cada despesa, é importante que seu filho tire o dinheiro do envelope correspondente. Assim ele aprenderá se soube planejar direito, entenderá que às vezes terá de economizar em algo para poder pagar outro e até verá que previu o gasto de forma errada.

À medida que ele for crescendo, a mesada e os gastos também crescerão. Será a hora de deixar esse sistema de lado e fazer algo mais sofisticado e que exija maior maturidade na hora de dividir e controlar custos, ou seja, fazer um orçamento numa folha de papel ou no computador. Nele seu filho precisará anotar os futuros gastos. Terá de elencar onde costuma gastar o dinheiro, separar uma quantia para aplicar e outra para economizar, se quiser comprar alguma coisa mais cara ou juntar dinheiro para um projeto maior. Ou seja, terá de organizar suas despesas. Isso feito, no final do mês, terá de checar o quanto realmente gastou, para ver se o orçamento foi feito corretamente e saber o que fazer com uma eventual sobra, ou pior, como lidar com um rombo. Portanto, o orçamento terá duas etapas distintas e igualmente importantes: uma de planejamento e, no final do mês, uma de controle.

Se o projeto do orçamento der certo e ele se mostrar responsável, quando estiver na faculdade, poderá subir mais um degrau no aprendizado econômico: você pode propor que ele administre todo seu orçamento mensal. Ou seja, você dará para ele um valor que inclua todos os seus gastos, como a mensalidade da faculdade, material, aulas particulares, além do dinheiro que já administrava antes para sair etc. É um passo e tanto, que só você saberá se ele está pronto para dar. No início será preciso que você faça uma supervisão, para que ele não deixe de cumprir com suas obrigações – imagine se no lugar da mensalidade da faculdade ele resolver comprar uma nova versão de iPod? Ou talvez resolva aplicar com aquele "amigo" que consegue lucros mirabolantes e perca tudo. No entanto, se ele se provar responsável, você poderá deixar essa supervisão menos rigorosa, até que ele desmame de vez. Esse será o passo final para, quando ele for ganhar o próprio dinheiro, administrá-lo com sabedoria. Afinal, cedo ou tarde, esse momento vai chegar e é importante que ele esteja preparado.

INFLUÊNCIA DOS AMIGOS

A partir do momento em que a importância dos amigos aumenta, a presença e a firmeza dos pais se tornam primordiais.

Na adolescência, quando a presença dos pais parece ficar em segundo plano e a dos amigos alcança o papel principal, será muito importante você se manter firme e presente na vida dos filhos, inclusive com relação à política de gastos. Seu filho vai se tornar muito mais suscetível aos amigos e às pressões que eles fazem. Isso vai sendo notado aos poucos, a partir da pré-adolescência, mas, de repente, se torna muito forte. O motivo da mudança é simples: o adolescente quer se integrar, fazer parte da turma e, para alcançar esse objetivo, acredita que precisa ter o mesmo estilo, usar as mesmas roupas, fazer os mesmos programas...

Em parte, ele tem razão. Não adianta negar. Creio que nenhum pai quer que seu filho se torne o "esquisitão" da turma, completamente deslocado. Todavia, ele também não precisa estar sempre na ponta. Nesta hora é muito importante ser um juiz das escolhas dele. Vai ser preciso muita paciência para explicar e repetir seu ponto de vista. Independentemente de ter ou não dinheiro para patrocinar seus "delírios", neste momento ele deverá enfrentar certas restrições, para aprender a ter limites no futuro.

Ele quer um jeans que custa duas vezes mais caro do que o que vocês costumam comprar? Pergunte-lhe se realmente vale a pena e, caso ele diga que sim, sugira pagar o preço do jeans normal e ele dar a diferença. Os amigos vão ao cinema e comer fora? Se estiver fora do orçamento, proponha que ele vá apenas ao cinema, ou que acompanhe os amigos sem comer. Combine que ele vai sair uma vez na semana e não duas. Faça com que seu filho compreenda que precisa também estar dentro das regras e do orçamento da sua casa porque no futuro terá de estar dentro do orçamento dele.

Repare que os amigos sempre incentivam gastos imediatos e meio bobos, geralmente de coisas que perdem o valor rapidamente. Do seu lado é importante valorizar a poupança, a compra consciente e projetos mais a longo prazo. Não é fácil. Pode se preparar para enfrentar reclamações. Ele vai se sentir incompreendido e injustiçado. Vai fazer chantagem. Tudo absolutamente normal. A sua função nesta fase é meio chata mesmo, aquela de quem está sempre dizendo não. Mas quando damos uma mensagem clara, com motivos, os filhos acabam compreendendo, mesmo se dizem que não. É uma forma de aprendizado que, no futuro, os fará com aceitar melhor outras restrições que a vida apresentar.

Não sonhe que isso não vai acontecer na sua casa; é pura ingenuidade. Nem tente lutar contra essa presença dos amigos que atrapalha uma relação até então tão estreita com os filhos. A partir da adolescência deles, passe a ser um bom observador, apoiando e mantendo seus princípios, que serão ainda mais importantes nessa hora.

QUANDO A COISA APERTA

A adolescência é realmente marcada pelo consumo. O papel dos pais é deixar bem claros os limites.

Meu filho Luca está entrando na adolescência, já nasceram algumas espinhas no rosto, os amigos estão tomando uma importância maior na sua vida e nós, meu marido e eu, ficamos em segundo plano. Nunca imaginamos que esse dia iria chegar... Mas chega.

Com a adolescência, as prioridades mudam. Sempre fico imaginando uma escala de valores para eles assim: amigos, namoros, espinhas e consumo. Que pode variar para: namoros, amigos, consumo e espinhas. Ou ainda: consumo, espinhas, amigos e namoro... Pode brincar invertendo a ordem dessas quatro palavras do jeito que quiser, porque elas estarão rondando a cabeça da sua "ex-criança" o tempo todo. O seu papel será fazer com que seu filho consiga colocar cada coisa no seu devido lugar sem supervalorizar. Relacionamentos serão importantes a vida toda, sim. Namoros começam e acabam. Espinha, hoje em dia, graças a Deus e à ciência, dá para tratar. E quanto ao consumo, assunto que mais me aflige, será preciso domá-lo.

Os adolescentes são bombardeados por todos os lados para gastar. E tombam, seduzidos. Na verdade, o consumo começa a se infiltrar de pequeno e vai aumentando com os anos. O que fazer como pais? Como ajudá-los?

Aqui é importante voltar ao bom e velho limite. Mas precisa ser limite com explicação, afinal seu filho já não é mais um bebê e tem capacidade de compreender. O esclarecimento não deve ser mirabolante, diga a verdade, explique seus motivos. Sempre dá mais certo assim. Quem pensa que o assunto é mais fácil em famílias que não têm dinheiro, porque basta dizer que o problema é a falta de fundos, está enganado. A questão não é o quanto está disponível, mas, sim, no que vale a pena gastar. Não importa se vocês têm ou não dinheiro, o que precisa ficar claro é se o objeto do desejo é ou não relevante. Seu filho terá diversos motivos para explicar sua relevância. O seu papel será ensiná-lo a consumir conscientemente.

Alguns adolescentes amam tecnologia; as meninas geralmente têm uma paixão por roupas; outros querem material esportivo; e tem aqueles que gostam de tudo. Em alguns momentos será preciso gastar. Afinal, o computador é uma ferramenta de trabalho, eles precisam se vestir todos os dias, e uma bola nem custa tanto. Aqui talvez valha a pena ensinar como conseguir essas coisas de um jeito mais econômico, na hora certa e quando forem realmente necessárias. Por exemplo, criando metas para a compra do computador, aderindo às pontas de estoque, dando o tal equipamento de presente no aniversário. Ou seja, criando limites. As armas são essas, não muito diferentes das usadas quando eles eram pequenos. O problema agora é que vocês terão de ser mais resistentes, porque eles, com certeza, serão muito mais insistentes.

VIVER À CUSTA DOS OUTROS

Cuidado para não apertar demais o cinto e o feitiço virar contra o feiticeiro

Sim, é sua a responsabilidade de ensinar seu filho sobre economia e colocar limites na gastança. Mas, antes de definir esses critérios, escute o que ele está dizendo. É o mínimo que ele merece.

Nem sempre que ele fala que os créditos no celular são poucos significa que ele seja um gastador contumaz que não sai do telefone. Pode ser que os créditos sejam poucos mesmo, que a base que foi usada para calcular esse limite esteja errada.

Se ele reclamar que a mesada não está dando para cobrir suas despesas, antes de dizer não, peça para ele explicar seus gastos, para entender aonde está indo o dinheiro e o que está faltando.

É claro que o ponto inicial desses valores parte do seu próprio orçamento. Mas desde que ele permita, antes de determinar custos, faça uma pesquisa com outros pais que tenham uma situação parecida com a sua. Pergunte para seu filho como seus amigos lidam com dinheiro. Descubra quanto custa realmente a vida deles. Pode ser que você conclua que se enganou e tenha de fazer um ajuste – para mais ou para menos. Ou não. Mas é preciso ter consciência desses valores, até para dar uma resposta coerente.

E cuidado. Muitas vezes, para não escutar mais um não em casa, para não brigar com os pais por dinheiro outra vez, os filhos acabam usando maneiras não tão ortodoxas para suprir suas necessidades financeiras. É o tal do viver à custa dos outros. Sabe como é?

Os créditos do celular acabaram? Ele liga a cobrar, só que muitas vezes para a casa dos amigos, o que não é nada educado. A mesada se foi? Fila o almoço na casa dos outros, sem ser convidado. Está com fome na hora do lanche da escola e não tem grana? Pede dinheiro emprestado de um amigo e "esquece" de pagar. Quer uma roupa nova para uma balada? Pega pela bilionésima vez a roupa emprestada, sem-cerimônia. Não quer gastar tinta da impressora? Empurra para um colega imprimir na casa dele o trabalho, bem cara de pau.

É importante ensinar como gastar o dinheiro, quando economizar, e também a não ser folgado. Não deixe que o que ele considera falta de dinheiro se torne falta de educação. Fica chato para seu filho e para você.

VIAGEM COM OS AMIGOS

Liberar o filho para um final de semana com os amigos pode ser uma ótima oportunidade para ele controlar o dinheiro

Aos poucos as crianças vão crescendo e surgem novas oportunidades de relembrar conceitos que você vem procurando ensinar ao longo dos anos. De repente, ele estará grande o suficiente para viajar com a turma, com ou sem supervisão de um adulto. Um pouco antes é preciso planejar a viagem, pensar na mala, pesquisar sobre o lugar, aprender como chegar lá, descobrir os programas e fazer um orçamento definido de quanto ele vai levar. Para aproveitar o evento como uma lição econômica, o melhor é que parte dos recursos para a viagem tenha sido economizada da mesada dele durante o ano. Se puder, troque uma ideia com os outros pais para saber quanto imaginam ser necessário levar. O melhor seria que todos tivessem uma quantia parecida.

Sugira a seu filho fazer um planejamento, ou seja, pegar o dinheiro que recebeu e pensar em quanto pretende gastar para comer, para a hospedagem, sair, fazer compras e quanto vai deixar guardado para uma emergência. A turma pode resolver fazer um caixa único, com o dinheiro de todos, assim fica mais fácil decidir se podem ir a um lugar ou não: se o dinheiro for suficiente para que todos possam fazer coisas juntos, eles vão ou ficam. Juntar todo o dinheiro pode ser uma oportunidade de aprender a planejar, economizar e tomar decisões em grupo. Pode ser que a turma escolha uma pessoa para ser o tesoureiro, outra para ser o planejador... Assim a viagem vira também um grande aprendizado econômico.

Mas não é preciso isso tudo. Só o fato de seu filho ter de lidar durante a viagem com um orçamento pessoal, ter de administrá-lo, aprender a economizar, fazer escolhas, já será uma boa chance de ele colocar em prática os conhecimentos adquiridos até hoje. E solidificar as lições.

O convívio com outros amigos, que talvez tenham um orçamento diferente do dele, vai ser positivo. Aprender a se controlar na frente de amigos gastões, ter de optar entre os programas para não ficar no vermelho, ou não poder fazer alguma coisa porque os outros estão sem fundos serão aprendizados para a vida. E atenção: só dê um complemento no orçamento se ele lhe der razões justas para isso, senão deixe que ele faça suas escolhas e sofra as consequências.

Na volta, além de querer saber tudo o que fizeram, procure se informar de como ele lidou com seu *budget*. Valorize as boas escolhas, dê conselhos sobre as besteiras, mas sem ser chato, afinal, ele também vai aprender errando. Na próxima viagem será mais fácil.

TEMPOS DIFÍCEIS

A crise apertou? Sinal vermelho nas finanças da família. Todos precisam participar.

Faz parte da vida passar por um momento de mudança drástica na economia da casa. Os motivos são os mais variados. Alguns positivos, como a necessidade de empenhar tudo o que têm para comprar a casa própria, ou economizar mais pesado para fazer uma viagem. Outros negativos, a perda do emprego de um dos cônjuges, ou uma crise que afeta todo o país. Independentemente do motivo, o resultado é um só: vai ser necessário apertar o cinto.

Para os adultos, esse pode ser um motivo de sofrimento, mas precisam entender. E as crianças? A minha resposta é a mesma: são crianças, elas também precisam entender. Afinal, todos fazem parte da mesma família e terão de dar sua contribuição. A partir do momento em que seu filho já entende o conceito da palavra gastar, terá de aprender também o inverso, o da palavra economizar. Neste caso, à força.

Não estou falando aqui que é necessário dar uma aula de economia, muito menos explicar o lado sombrio das crises econômicas. Nada disso. Mas é preciso deixar a situação clara.

O pai perdeu o emprego, isso significa que a casa sofrerá mudanças, vocês precisarão montar um plano emergencial para aguentar as pontas até ele encontrar outro lugar onde trabalhar. Então diga o que aconteceu, explique como pretendem reagir e quais mudanças serão feitas na casa. Nunca esconda o que está acontecendo, nem finja que está tudo bem, pois esta seria uma maneira de criar um adulto irresponsável e até de excluí-lo da família.

Se seu filho for mais velho, procure fazer com que ele participe de alguma maneira das novas regras, ajudando nas tarefas da casa ou até mesmo procurando realizar pequenos serviços para ganhar um dinheirinho. Por exemplo, a filha do meu primo, que ficou desempregado, é ponta firme e muito bacana, não se apertou. Sabia que o pai não poderia pagar a mesada, analisou suas possibilidades, e como tinha muito jeito com criança pequena, foi trabalhar em recreação de bufês infantis. Além de fazer alguns bicos de *baby-sitter*. Resolveu a sua situação, ganhou uma grana, se sentiu útil e amadureceu de forma responsável.

Mas ela já tinha 16 anos.

Está certo. Com parâmetros relativos à sua idade cada um pode dar sua contribuição. Que vai de pequenas atitudes, como diminuir o tempo do banho, que economiza água e energia, a levar o lanche de casa evitando gastar na escola, ou mesmo tomar água do bebedouro no lugar de um refrigerante. Há contribuições mais importantes, como passar a cuidar do próprio quarto, ajudar na hora de preparar a comida, deixar de ganhar a mesada e até mesmo parar com alguma aula particular ou esporte. Explique a situação, pergunte o que ele acha que pode fazer, sugira alguma participação. Diga que não é o fim do mundo, porque não é mesmo. Deixe viva a esperança de que as coisas vão melhorar – as crises devem ser aliadas na educação financeira das crianças e não um trauma. Espere o susto passar e você verá que ele vai dar sua colaboração e se sentir bem útil. Ponto para ele e para você, que o estará educando para a vida.

Parte 2

O QUE MUDA NA SUA VIDA ECONÔMICA COM OS FILHOS

100
REAIS

INTRODUÇÃO

Alguns economistas costumam definir valores ou porcentagens do orçamento familiar para mostrar qual o custo de um filho. Eu discordo desses valores, porque variam muito entre as famílias, dependem do estilo de cada uma, de onde vivem e de suas prioridades. Acho que são pessoais e intransferíveis. Alguns pais, por exemplo, dão prioridade à educação e fazem todo o esforço possível para que as crianças entrem numa escola melhor e, eventualmente, mais cara. Outros querem que eles viajem pelo mundo. Outros ainda têm ideias bem mais econômicas a respeito.

O custo também vai variar conforme a idade e a fase. Recém-nascidos gastam em fraldas, médico, produtos de higiene e gente para cuidar. Adolescentes consomem roupas, saem mais, precisam de investimento maior na educação. Por isso, se vocês resolveram aumentar a família, a única coisa que posso dizer é que a vida econômica vai mudar. Afinal, de duas pessoas, vocês passarão a três em casa, ou seja, um aumento de 50%. Isso se não forem gêmeos ou trigêmeos.

Os filhos mudam, para sempre, a vida econômica dos pais. Muitas vezes, até mesmo quando estão grandes e crescidos acabam "dando despesa". Por isso, esta segunda parte do livro pretende falar sobre algumas dessas mudanças de orçamento, como encará-las e o que você pode fazer para enfrentá-las e, eventualmente, diminuí-las.

Não me pergunte quanto vocês irão gastar com seu filho. Isso só vocês saberão e poderão decidir a cada nova fase que for surgindo. O único conselho que posso dar é que fique bem claro que este valor não tem nada a ver com a quantidade de amor que vocês sentem por ele, mas exclusivamente com o tamanho do orçamento.

A VIDA (ECONÔMICA) MUDOU

Se você está prestes a ter um bebê, saiba quais serão seus "novos" custos fixos e como economizar.

1. FRALDAS DESCARTÁVEIS

Neste caso, é incrível a variação de preços do produto, dependendo do fabricante e do varejista. Com um pouco de tempo, e experimentação, você saberá qual é a melhor marca com relação a custo/benefício e onde é o melhor lugar para comprá-la.

- **Como economizar:** Procure por ofertas ou grandes cadeias de lojas que vendam o produto por atacado – considere a compra pela internet, pois pode sair mais barato! Opte também pela alternativa de farmácias que acumulam pontos com a compra de fraldas. Você gasta no produto, mas pode utilizar o desconto numa próxima compra. E existe sempre a possibilidade de usar fralda de pano e lavá-la. Se por um lado dá um trabalhão, por outro é econômico e seu uso vem sendo propagado pelas pessoas preocupadas com o meio ambiente, uma vez que as fraldas descartáveis demoram seiscentos anos para se degradar.

2. BABÁ/ BERÇÁRIO

O custo é muito variável tanto para babá quanto para o berçário. Dependerá do tipo de profissional e instituição, e do mercado na cidade onde você reside.

• **Como economizar:** A opção mais econômica é conseguir ajuda de algum familiar que se disponha. Mas como a oferta desse tipo de "serviço" anda escassa ultimamente, o jeito vai ser economizar de outras formas. Ter uma babá somente durante o dia, deixando as noites para você, significa um custo menor – mas também muitas noites maldormidas. Transformar sua cozinheira em babá também pode ser uma opção, se você já conhecer a funcionária. Mas lembre-se de que as duas funções (de babá e de cozinheira) ficarão prejudicadas. Seu filho pode também ir para o berçário, onde será cuidado por profissionais qualificados, ótimo para durante o dia, mas à noite o trabalho será seu e nos dias em que estiver doente você terá de encontrar alguém para ficar com ele.

3. ROUPA

Bebês perdem suas roupinhas num piscar de olhos. Vai ser difícil passar um mês sem ter de fazer algum tipo de compra, porque quando você for colocar a peça que cabia na semana passada, agora já não serve mais. Não se desespere, é assim mesmo.

• **Como economizar:** Veja se consegue "herdar" as roupinhas de amigas ou de irmãos maiores. Procure comprar em pontas de estoque e liquidações as peças novas – afinal, como repito logo à frente, não existe essa coisa de "última moda" para bebê. Por isso, tome todo o cuidado ao lavar as roupinhas de seu bebê, para poder repeti-las o quanto for possível e depois elas serem usadas pelo filho de uma amiga.

4. PRODUTOS DE BELEZA

A cada troca de fralda um bebê vai usar muitos produtos de beleza para limpeza e proteção – você não vai querer que ele fique assado, vai?! Além disso, serão necessários óleo e cotonetes para limpar o umbigo e atrás da orelha, e xampu e sabonete infantis (que, geralmente, custam mais caro do que os dos adultos). Depois do banho, algumas gotinhas de um gostoso perfume para ele ficar com aquele cheirinho de nenê.

- **Como economizar:** Pesquise os preços e tão logo saiba quais produtos você vai usar (a marca que prefere e à qual seu filho não tenha nenhuma reação alérgica), compre no atacado. Só não vale exagerar, para não ficar com sobras para sempre em casa. Outra boa ideia é falar com outras mães e dividir com elas as compras no atacado. Aqui vale também a boa e velha oferta.

5. LEITE

O leite, se for fabricado pela própria mãe, é grátis. No entanto, algumas vezes ele seca, outras, a criança pode ter alergia e precisar de um leite especial. Aí a solução vai ser comprar.

- **Como economizar:** A melhor forma de economizar é com a amamentação materna. Alguns grupos, como o Amigas do Peito, procuram promover o aleitamento materno, orientando novas mães, inclusive ajudando por meio de diversas técnicas a voltar o leite de quem secou ou tem pouco. No entanto, se isso não for possível, o jeito vai ser procurar pelo leite industrializado, por ofertas ou por cupons de desconto dos próprios fabricantes.

6. ALIMENTAÇÃO

Dependendo da orientação do médico, a partir dos quatro meses, muitas vezes o bebê passa também a tomar suco e logo em seguida a comer sopinha. Neste momento você vai constatar como é caro um pote de sopinha para bebê. Geralmente o preço é mais alto do que o de um potão de sopa para um adulto!!!

- **Como economizar:** Sempre que possível, procure fazer a sopinha em casa. Sai mais barato e é mais saborosa e saudável. Lembre-se de que muitas vezes é possível usar os mesmos alimentos que a família vai utilizar no próprio jantar – você tem economia de escala. Mas estoque em casa alguns daqueles potinhos já preparados porque são uma mão na roda em emergências ou num dia em que você está muito cansada para cozinhar.

7. EQUIPAMENTOS

Você sai da maternidade com um carrinho, um moisés e pronto. Aos poucos, seu filho precisa de um quadrado, um suporte para ficar na banheira... É incrível a quantidade de equipamentos que podem ser usados por um ser tão pequenino. O problema é que eles custam caro.

• **Como economizar:** Primeiramente, limite-se ao básico e espere antes de comprar outras coisas. Você pode conseguir um modelo de segunda mão com uma amiga. Lembre-se: como as crianças crescem rápido, muitas dessas coisas ficam quase intocadas. Ou, ainda, você pode ganhar o produto de presente. Se nenhuma das opções anteriores der certo, primeiro confirme se ele realmente está precisando do acessório e depois pesquise em várias lojas (inclusive na internet) para encontrar a melhor escolha.

8. BRINQUEDOS, LIVROS E DVDs

Preço de brinquedo é muito variável. O problema é que muitas vezes você cai em tentação e compra aquele megalançamento. De repente, você constata que é muito comum ele gostar mais de um brinquedo inventado em casa – um potinho colorido de plástico, por exemplo – do que de um móbile supersofisticado.

• **Como economizar:** Antes de mais nada, deixe seu filho brincar com o que você tem em casa – desde que seja seguro. Procure pegar emprestado livros e jogos de outras crianças. Promova o dia da "troca de brinquedos" com as famílias das amigas, para que seu filho fique com a impressão de que está ganhando uma coisa nova. Lembre sempre que menos é mais. Que tal um aviãozinho de papel?

OLHO MAIOR DO QUE A BARRIGA

Sim, o bebê que está por vir merece, mas será que ele precisa literalmente de tudo?

Meus filhos já estão crescidos. Cheguei à conclusão de que o esperado terceiro rebento não virá, então, resolvi fazer uma faxina nas roupas de bebê. Afinal, tinha uma repartição do armário cheinha de coisas que amava e guardei para uma próxima criança. Entre 22 camisetinhas bordadas e lençóis usados apenas três vezes, encontrei um roupãozinho para recém-nascido (roupão para recém-nascido?). Logo abaixo, dentro de uma caixa, três mochilas daquelas em que a gente leva o bebê nas costas (três?). Pois é. E mais três babás eletrônicas que funcionam. Inacreditável!

Imagine que, grávida, eu babei por uma capa de chuva para um bebê de três meses que uma amigona comprou para mim. É claro que a capa também está intacta no meu armário, com etiqueta e tudo. Quando é que um bebê de três meses veste uma capa de chuva? Só a minha amiga, que na época não tinha filhos, era editora de moda, achou a capa um arraso, e imaginava que essa ocasião pudesse existir algum dia.

Olhando esses objetos e mais uma infinidade de roupas que os circundavam naquele armário abarrotado, cheguei a uma conclusão: ou eu tinha certeza de que iria ter trigêmeos ou surtei.

A verdade é que surtei. O meu consolo é que não estou sozinha nesses caminhos tortuosos da loucura-consumista-pré-parto; 99,99% das mães estão comigo. O bebê que está por vir merece tudo o que a gente puder dar. Lá vai uma futura mãe enlouquecida, com cartão de crédito na mão, arrematando o que o salário permite e o que não permite.

Temos que levar em conta também a "ignorância" de uma marinheira de primeira viagem. Quem é que sabe quantas roupas um bebê é capaz de sujar e trocar por dia? Além disso, as vendedoras das lojas ficam nos tentando e a solução é uma só: comprar.

No caso do primeiro filho, ainda há um agravante: ele ganha bem mais presentes do que o segundo. Ou seja, além de tudo o que já foi comprado, um milhão de presentes duplicam o enxoval.

Foi por isso que resolvi tocar nesse assunto. Acho que a única saída para o impasse é pegar uma lista de enxoval e consultar uma amiga ou parente para checar se as quantidades são suficientes. Saber quais daqueles carrinhos, balanças, banheiras são os mais práticos. Quais acessórios são indispensáveis. Quais brinquedinhos um bebê usará. Aí é se policiar e tentar não sair muito da lista.

Há sempre um consolo. Lembre-se de que, se você sentir falta de alguma peça, vai ser até gostoso comprar depois que seu bebê tiver nascido: você poderá escolher uma coisa que combine com ele.

Além disso, o fato de ir comprando aos poucos, à medida que a criança for crescendo, faz bem para as finanças e prolonga o prazer. Vira um presente que você vai dando de tanto em tanto.

P.S.: Para não errar nas escolhas ou na quantidade, aqui vai uma lista de enxoval completa.

APETRECHOS

- 1 almofada de amamentar
- 1 aquecedor de mamadeira
- 1 aspirador nasal
- 1 babá eletrônica
- 4 bicos de mamadeira para leite
- 1 canguru
- 4 chupetas
- 1 conjunto de coador e funil
- 1 conta-gotas
- 1 escova para mamadeira
- 1 garrafa térmica
- 3 mamadeiras grandes
- 2 mamadeiras médias
- 2 mamadeiras pequenas
- 1 mordedor
- 1 pinça higiênica
- 1 porta-chupetas
- 1 termômetro clínico
- 1 tira-leite
- 1 sacola para roupinhas e troca do bebê

BANHO

- 1 banheira
- 1 suporte para banheira
- 3 toalhas com capuz
- 3 toalhas-fraldas

CAMA E CARRINHO

- 2 cobertores de berço
- 2 cobertores de enrolar
- 2 colchas
- 6 fronhas avulsas
- 4 jogos de lençol para o berço
- 3 jogos de lençol para o carrinho
- 3 kits de cabide
- 2 kits de fralda de boca
- 1 posicionador para dormir
- 2 protetores de colchão
- 2 travesseiros antissufocantes
- 1 travesseiro de carrinho

HIGIENE

- 4 caixas de absorventes para seios
- 3 caixas de hastes flexíveis
- 1 colônia
- 1 concha para seios
- 1 conjunto para manicure
- 6 cremes para assadura
- 1 escova para cabelo
- 1 lavanda
- 1 massageador de gengiva
- 4 pacotes de fralda descartável tamanho P
- 6 pacotes de fralda descartável tamanho M
- 4 pacotes de fralda descartável tamanho G
- 6 pacotes de algodão
- 6 pacotes de lenços umedecidos
- 4 sabonetes líquidos
- 1 saboneteira
- 4 sabonetes neutros

MOBILIÁRIO E EQUIPAMENTOS

- 1 bebê conforto
- 1 berço
- 1 carrinho de passeio
- 1 cesto para roupas
- 1 quadrado
- 1 trocador
- 1 moisés

ROUPINHAS

- 6 babadores
- 6 *bodys* manga curta
- 6 *bodys* manga comprida
- 4 casaquinhos
- 6 culotes
- 6 macacões tamanho RN
- 6 macacões tamanho P
- 4 macacões tamanho M
- 3 mantas
- 6 pares de meias 00
- 2 sapatinhos
- 1 vestidinho (este é só para dar gosto para a mãe, porque é difícil uma recém-nascida colocar um vestidinho)

O PREÇO CONTA MUITO

Na hora de escolher uma maternidade é preciso prestar atenção em vários detalhes, inclusive o preço.

A notícia da gravidez é uma felicidade enorme. Todo mundo comemorando, já imaginando a cara do bebê, como ele vai ser quando crescer, pensando nas roupinhas para comprar... Uma delícia. Na primeira consulta com seu ginecologista, começam os exames, e é então que você pode ter uma surpresa não tão agradável. A gestação significa nove meses de exames e um parto no final. Se seu plano de saúde não prevê esse custo, vai ser um rombo e tanto no seu orçamento.

Muitas vezes escolher a maternidade acaba sendo resultado da definição do médico. Ele só trabalha num determinado hospital e é para lá que você vai. Outras, a decisão decorre da fama do lugar, afinal, você quer o melhor para o bebê que está para nascer. Em outras, ainda, você seleciona uma instituição entre as opções cobertas pelo seu plano de saúde. Não importa o motivo; a escolha da maternidade é uma decisão importante que requer análise e pesquisa.

Lembre-se de que entre os pontos a serem observados é importantíssimo levar em consideração o custo. Ele pode ser decisivo.

Sempre parece meio incômodo falar de dinheiro quando o assunto envolve saúde, mas a verdade é que, se você não se preocupar com isso, irá atrapalhar outra saúde, a financeira.

Se seu seguro é daqueles que cobrem qualquer hospital e qualquer emergência, sinta-se realizada, não pense no assunto custo. No entanto, se você estiver entre o restante das mortais, com restrição na cobertura do plano, ou pior, que ainda não cumpriu a carência para reembolso de parto ou está completamente sem cobertura de plano de saúde, calma! Você pode ter segurança durante o parto sem ficar totalmente insegura quanto a poder pagar pelo procedimento. Comece a analisar as maternidades, levando em conta os gastos e a forma de pagamento.

Lembre-se: hospitais são como qualquer outro prestador de serviço, têm promoções, consideram o pagamento parcelado de serviço e dão desconto. As maternidades oferecem alguns "pacotes", como aqueles de agências de turismo, só que para parto. As vantagens são as mesmas: você pode parcelar e o preço é menor. Em algumas maternidades, o mesmo serviço, pago sem o tal pacote, é 15% mais caro. Num parto isso significa um bom dinheiro.

Além do preço melhor, a vantagem de fazer um plano é a segurança. Explico. Quando meu segundo filho nasceu, era um sábado, e como seria parto normal eu não escolhi o dia. Mas uma grande quantidade de mães, que teria seus bebês por cesárea, escolheu. Descobri que esse é o dia preferido nesses casos. Portanto, a maternidade estava completamente cheia. Eu quase tive o Tiago no corredor, se meu médico não tivesse rodado a baiana e encontrado um lugar para mim, seria obrigada a mudar de hospital.

Meu seguro-saúde na ocasião reembolsava parto. Meu bebê podia ter nascido em qualquer outro estabelecimento, por isso eles achavam que nada mais normal do que me transferir para outro hospital entre uma contração e outra. No entanto, se eu tivesse pago um plano oferecido pela maternidade, não poderia ser transferida. Ou seja, além de tudo, você garante que vai ter seu filho no lugar que planeja.

Os pacotes incluem, em geral, três dias de internação para o bebê e para a mãe, com acompanhante. Fazem parte do plano também: pediatra, centro obstétrico, medicamentos, materiais descartáveis, serviços de enfermagem, o exame do pezinho, bilirrubina, tipagem sanguínea... No entanto, UTI, honorários de anestesista e de obstetra não estão inclusos. A proposta é que o plano vá sendo pago durante a gestação e esteja quitado na ocasião do parto.

Pesquise sobre os planos na maternidade dos seus sonhos. E não se envergonhe de fazer uma contraproposta, pedir desconto. Aliás, faça o mesmo com seu médico e com o anestesista (em geral eles fazem parte de uma equipe). Muitas vezes o obstetra é seu ginecologista de longa data, e essa relação de tanto tempo merece uma oferta melhor. Negocie. Afinal, seu filho merece tudo!

QUANTO CUSTA UMA BABÁ

Guia prático para saber quanto pagar à sua funcionária e o que discutir na hora da contratação

Vocês trabalham o dia todo fora, por isso, optaram por deixar seu filho com uma babá. Seria fantástico se existisse um quadro onde estivessem estipuladas as funções de sua babá e o respectivo salário. Só que isso não existe. O valor a ser pago pelo serviço de uma babá vai depender de onde ela vai trabalhar, da cidade, do bairro e dos lugares que frequentará. Não existe uma tabela que se aplica a todas as profissionais.

Para definir quanto pretende pagar, além de consultar seu orçamento mensal, vai ser preciso fazer uma pesquisa particular para descobrir quanto ganham as babás com as quais a sua futura funcionária vai conviver. Esse é o critério. Será um desperdício – e trará problemas para as outras empregadoras – pagar um dinheirão se as colegas de trabalho dela ganharem menos. Não adianta nada querer pagar pouco por mês para sua babá se ela for passear com suas crianças num clube onde as babás ganham o dobro. Nesse caso, pode ter certeza de que, se ela não arranjar outro emprego rapidamente, passará a sofrer de um descontentamento quase que insuportável.

E, por favor, não tenha ilusões de que o simples fato de você ter pedido para sua babá não conversar com as outras sobre salário irá impedir essa troca de informações. Isso é impossível. Parece que falar sobre salário é como falar sobre o tempo quando estamos sem assunto. Às vezes fantasio a conversa entre as babás assim:

"Oi, eu sou a Maria Lúcia. Quanto você ganha?"

"Oi, Maria Lúcia, eu sou a Yone. Ganho tanto. E você?"

Portanto, lembre-se de investigar quanto as outras babás ganham antes de estipular quanto pretende pagar para a sua.

A faixa salarial da categoria é realmente elástica. Existe um piso mínimo, mas é raro encontrar uma babá que trabalhe por isso – e o salário pode chegar às alturas. Nesse caso, a idade, a experiência e as indicações são o diferencial entre quem está no topo e na base da pirâmide. Existem funcionárias multiuso, que, além de cuidar da casa, dão uma olhada nas crianças. Aquelas que são exclusivas dos filhos. E as babás que se comportam como enfermeiras e ganham muito mais.

As "enfermeiras", aliás, são uma categoria à parte. Elas são babás com muita experiência, que fizeram algum curso ligado à enfermagem e trabalham apenas por alguns meses com recém-nascidos. Elas ganham rios de dinheiro, para dar ordens ao bebê, a você e em toda a casa. Para contratá-las é melhor escolher uma com indicação de uma pessoa conhecida e é preciso reservar logo: essas profissionais normalmente agendam seus trabalhos com antecedência de um ano, conforme a data dos partos.

NÃO ESQUEÇA TAMBÉM DOS OUTROS CUSTOS

Na fase da contratação, além do salário, é preciso discutir alguns outros pontos cruciais com a futura funcionária. Em geral, uma babá trabalha de segunda-feira de manhã até a outra sexta-feira. Ou seja, 12 dias seguidos, para então folgar no final de semana. Mas isso pode ser negociado e combinado conforme cada caso. Além disso, existem outros detalhes que são importantes esclarecer; defina tudo de início porque mudar as regras do jogo no meio do caminho é complicado.

- **Roupa:** Babás se vestem de branco dos pés à cabeça. É a patroa quem se responsabiliza pela brancura total. Ela fornece o uniforme – inclusive o tênis. Lembre que seu filho irá a festinhas, eventualmente a um casamento ou recepção mais formal, e sua babá terá de acompanhá-lo, portanto é preciso fornecer alguma roupa mais arrumada.
- **Roupa na praia:** Piscina ou praia são os únicos lugares onde o branco não é aconselhável. Nesse caso opte por um maiô mais discreto, shorts, camiseta e tênis. Querer ser liberal e deixar a babá usar biquíni pode parecer bacana, mas de repente o biquíni é inconveniente e depois fica chato voltar atrás. Por isso, não se acanhe, ela estará trabalhando e é melhor que se vista de acordo.
- **Feriado:** Na hora de combinar a rotina do dia a dia, já discuta sobre os feriados. Se ele cair durante o período de trabalho, qual será o procedimento? No meu caso, minha babá e eu dividíamos: um feriado era dela, o outro, meu. Se caísse numa folga dela, tudo bem, se coincidisse o dia de trabalho dela com feriado em que ela não deveria trabalhar, eu pagaria um dia extra.

• **Folga:** Por falar em pagar a folga, esse ponto deve ficar bem claro. Em geral, babás folguistas ganham mais do que as babás contratadas. O valor da folga também é mais alto do que o do dia comum de trabalho. Combine com sua funcionária se ela estará disponível para eventualmente cobrir alguns desses dias – por exemplo, quando a família viaja nas férias – e quanto custariam os dias a mais. Faça uma tabela com preço para um dia, uma noite, um final de semana e atualize anualmente. Assim ninguém leva susto.

• **Férias:** As babás se encaixam na categoria das empregadas domésticas; elas têm direito a vinte dias úteis de férias por ano ou trinta dias corridos. A maioria das pessoas adota os trinta dias, como com os outros profissionais. Ao completar um ano de trabalho, o patrão terá um ano para conceder as férias, senão terá de pagar o salário em dobro. Não custa nada chegar a um acordo com relação à data das férias, basta se colocar no lugar dela e pensar como seria se você quisesse tirar férias e seu patrão não permitisse.

• **Viagem:** Esclareça para a babá que quando vocês forem viajar todos juntos, as crianças estarão de férias, mas ela não. É claro que ela pode aproveitar, mas nunca a ponto de esquecer suas obrigações. É muito chato encontrar sua babá na piscina da casa de um amigo tomando sol como se ela fosse "a" convidada.

• **Último toque:** Por falar em levar sua funcionária para a casa de um amigo, oriente-a para que, neste caso, ajude na casa. Não há coisa mais chata do que uma babá esperando ser servida. Já uma babá solícita vai ser sempre querida e uma boa lembrança. Ponto para você.

TEMPORADA DE DESCONTOS

Compre roupas para seu filho em liquidações. Veja quando vale a pena gastar e quando é melhor não.

Liquidação é sempre uma boa oportunidade. Não que eu me dê superbem nessas ocasiões. Sou daquelas infelizes que vão a uma ponta de estoque e acabam comprando alguma coisa que nunca mais vão usar. Se entrar numa daquelas lojas de sapatos mais baratos, não encontro nenhum do meu tamanho. Dois anos atrás, por exemplo, me chamaram para uma venda especial de sapatos: qualquer produto por um quinto do preço! Uma pechincha. Acabei comprando três pares. Dois deles estão com os saltos intactos, nunca os usei.

Por outro lado, sei que existem pessoas fantásticas, como minha cunhada Carla, mãe da Anna, do Nicky e do Kiko, que encontra tudo o que precisa pela metade do preço. Mas a Carla é produtora, gente que está acostumada a descolar tudo, tirar leite de pedra. Entende?

Por isso, sou a favor de incentivar a compra inteligente. Nada de cair em tentação e se encher com um monte de coisas. Vá com um produto em mente. Uma boa compra são agasalhos para os filhos. Aliás, agasalhos só deviam ser comprados em liquidação: afinal, depois de três usadas já estarão com o joelho puído, ou o casaco terá sido esquecido numa festinha. Biquínis e maiôs para meninas e sungas para meninos estão na mesma situação. Em uma semana de praia, já ficam cheios de areia, depois de um verão vão quase para o lixo. Então, o melhor é, quando estiver terminando a estação do sol, comprar algumas peças maiores para as próximas férias. Não tenha medo de ir a uma loja mais bacana, pois essas peças acabam saindo baratinho quando em oferta.

Curioso, existe liquidação de roupa de bebê... Alguém aí acompanha os desfiles de alta-costura para recém-nascidos? Por isso, aproveite essa época, afinal, o que faz uma roupa ser fofa nesta estação não muda na próxima, e ela fica mais fofa se for pela metade do preço.

Quando a gente engravida, tem pela frente nove meses para comprar as coisas. Conforme a época do ano em que ocorre a gravidez, você chega a encarar duas liquidações. Aproveite! Compre na liquidação também carrinho, cadeirinha, todos esses apetrechos. Se a estampa não é o último lançamento, quem é que vai saber? Daqui a seis meses, aquela estampa também terá saído da moda, mas o carrinho estará firmão, aguentando todas.

Faça uma inspeção no seu armário e confira: quantas peças de coleções passadas moram no seu coração? Quantas de anos e anos usamos em ocasiões especiais? Então, por que não escolher, entre as peças que a loja acha que saíram de moda, outros clássicos para o guarda-roupa da família? É dessa compra inteligente em liquidação que eu estou falando. É ela que vale muito a pena.

O MELHOR MÉDICO PARA VOCÊ

Antes de escolher o pediatra, lembre-se de que ele precisa caber no orçamento.

Quando fiquei grávida, saí em busca de um pediatra. Pesquisei sobre os da família – com quatro irmãos, dois cunhados, diversos primos. Não faltavam opções. Conversei com meu ginecologista. Pedi indicações de amigas. Finalmente escolhi.

Antes de o Luca nascer, conversei com o médico pelo telefone, gostei do papo e marcamos uma consulta para logo depois do parto. Nessa combinação toda, cometi um erro: não perguntei quanto custava. Sabia de antemão que ele não aceitava convênio – eu teria de pedir reembolso – e, como meu seguro-saúde na época era empresarial, nem me preocupei. Adorei o médico. Nem me abalei com o preço, que, devo dizer, era alto. Mas "para o bem-estar do filho, a gente não deve economizar", "saúde é tudo", lá fiquei eu.

Dois anos depois, nasceu o Tiago. A primeira vez que meus meninos ficaram doentes juntos – e olha que essa "feliz" coincidência se repetiu e se repetiu –, aquela consulta cara virou caríssima. Mas o que fazer? Eu já adorava o médico, confiava nele e não era nisso que iria economizar. Apesar de não ter mais meu reembolso, decidi não pensar em dinheiro nesse ponto – continuo com ele até hoje.

O erro foi não ter feito essas contas antes. Na hora de escolher seu pediatra, não se acanhe, é muito importante perguntar quanto custa a consulta. Descubra se ele faz parte de algum plano de saúde, com quais médicos costuma trabalhar – vai que ele precisa indicar um profissional para alguma cirurgia. Meu filho, por exemplo, teve de passar por uma de fimose. Pergunte também em que lugar ele confia para as vacinas – elas poderão ser dadas em posto de saúde? Qual hospital recomenda? Imagine se o seu pediatra só confia em um determinado hospital que não faz parte do seu plano de saúde! Preço de consulta a gente consegue pagar, mas de hospital não. Esses são detalhes tão importantes quanto o carinho com que ele trata da sua criança, sua capacidade profissional e a sua maneira de pensar a saúde e a educação.

Acho que o ideal, nessa busca, é consultar primeiro seu plano de saúde. Pesquise se, entre os profissionais que fazem parte dele, existe algum interessante. Caso sua opção esteja fora do seu plano, faça um levantamento do preço médio das consultas e cheque em qual patamar está o valor do médico escolhido. Se for alto, pode ter certeza de que vai continuar sendo assim sempre. É muito importante fazer as contas. É possível realizar um esforço para um filho, claro, mas ele pode virar sacrifício se multiplicado por dois, três...

Eu tenho uma amiga que frequenta dois pediatras, um mais barato para as consultas corriqueiras e um mais caro para os casos mais sérios. Acho uma esquizofrenia. Um pode pensar diferente do outro e confundir a mãe. Mas, pior, muitas vezes ela acaba gastando mais, pois primeiro vai ao médico da "consulta econômica" e, no final, acaba sempre fazendo uma consulta com o outro também. Um desperdício.

Por isso, não pense que estou sendo horrível dizendo que é preciso fazer essas contas. Estou sendo realista. Imagine seu filho doente e você esperando para ver se precisa mesmo ir ao médico só porque a consulta é um assalto! Isso, sim, é que pode ser horrível.

• VACINA
POSTO DE SAÚDE X CLÍNICA PARTICULAR

Os postos de saúde têm uma lista básica das vacinas que devem ser dadas às crianças. O calendário é dinâmico, varia muito conforme a epidemiologia, o aprimoramento de vacinas, o desenvolvimento de novas... Muitos pediatras pedem, além das listadas, outras vacinas. Nesse caso, será preciso recorrer a uma clínica particular. O quadro a seguir mostra quais são as disponíveis em postos de saúde e as outras opções que uma clínica particular oferece (além das do posto de saúde, é claro). Já que muitas vacinas são para as mesmas doenças, você deve estar se perguntando qual a diferença entre optar por um ou outro lugar. A vantagem básica é o custo. No posto de saúde as vacinas são gratuitas. Porém é importante salientar que algumas versões dadas em clínicas particulares podem causar menos eventos adversos. Além disso, nas clínicas particulares, com uma mesma picada pode ser ministrada mais de uma vacina, o que traz menos dor à criança e menos estresse para os pais. Confira a nomenclatura de cada uma na lista a seguir.

IDADE	POSTO DE SAÚDE	PARTICULAR
Ao nascer	* BCG – dose única * Hepatite B (1) – 1ª dose	* BCG – dose única * Hepatite B – 1ª dose
1-2 meses	* Hepatite B (1) – 2ª dose	
2 meses	* Vacina Tetravalente (DTP + Hib) (2) – 1ª dose * VOP – 1ª dose * VORH (3) – 1ª dose	* Vacina Hexavalente (1ª dose DTPa + Hib + VIP + 2ª dose hepatite B) * VORH ou VORP (4) – 1ª dose
2-3 meses		* Pneumococo 7V Conjugada –1ª dose * Meningococo C Conjugada – 1ª dose
4 meses	* Vacina Tetravalente (DTP + Hib) – 2ª dose * VOP – 2ª dose * VORH – 2ª dose	* Vacina Pentavalente (DTPa + Hib + VIP) – 2ª dose * VORH ou VORP – 2ª dose
4-5 meses		* Pneumococo 7V Conjugada – 2ª dose * Meningococo C Conjugada – 2ª dose
6 meses	* Vacina Tetravalente (DTP + Hib) – 3ª dose * VOP – 3ª dose * Hepatite B – 3ª dose	* Vacina Hexavalente (DTPa + Hib + VIP + hepatite B) – 3ª dose * VORP – 3ª dose * *Influenza* (5) – 1ª dose
6-7 meses		* Pneumococo 7V Conjugada – 3ª dose * *Influenza* (5) – 2ª dose
9 meses	* Febre Amarela (6) – 1ª dose	
12 meses	* SRC – 1ª dose	* Varicela – 1ª dose * SRC – 1ª dose
15 meses	* DTP – reforço * VOP – reforço	* Vacina Pentavalente (DTPa + Hib + VIP) – reforço
12-18 meses		* Vacina Pneumococo Conjugada – reforço * Vacina Meningococo Conjugada – reforço * Hepatite A (7) – 1ª dose
18-24 meses		* Hepatite A (7) – 2ª dose
4-6 anos	* DTP – reforço * VOP – reforço * SRC – 2ª dose	* DTPa + IPV – reforço * SRC – 2ª dose * Varicela (8) – 2ª dose
9-26 anos		* Vacina de HPV (9) – 3 doses
10 anos	* Febre Amarela (6) – reforço	
15 anos	* dT – reforço	* dTPa ou dT – reforço

- **BCG** – tuberculose
- **DTP** – difteria, tétano e coqueluche
- **Hib** – infecções causadas pelo *Haemophilus influenzae* tipo B
- **VOP** – vacina oral de poliomielite
- **VORH** – rotavírus oral (monovalente)
- **VORP** – rotavírus oral (pentavalente)
- **DTPa** – difteria, tétano e coqueluche acelular
- **VIP** – vacina inativada de poliomielite
- **SRC** – sarampo, rubéola e caxumba
- **dT** – difteria e tétano adulto
- **dTPa** – difteria, tétano e coqueluche acelular adulto
- **HPV** – papilomavírus humano

---

(1) A primeira dose da vacina contra a Hepatite B deve ser administrada na maternidade, nas primeiras 12 horas de vida do recém-nascido. O esquema básico se constitui de três doses, com intervalos de 30-60 dias da primeira para a segunda dose e 180 dias da primeira para a terceira dose.

(2) O esquema de vacinação atual é feito aos dois, quatro e seis meses de idade com a Vacina Tetravalente e dois reforços com a Tríplice Bacteriana (DTP). O primeiro reforço aos 15 meses e o segundo entre quatro e seis anos.

(3) É possível administrar a primeira dose da Vacina Oral de Rotavírus Humano a partir de seis semanas. São duas doses com um a dois meses de intervalo.

(4) É possível administrar a primeira dose de Vacina Oral de Rotavírus Pentavalente a partir de seis semanas. São três doses, com um a dois meses de intervalo.

(5) A vacina *Influenza* pode ser administrada a partir dos seis meses, caso esteja em época de circulação do vírus, no outono-inverno. Depois deve ser aplicada uma dose anualmente.

(6) A vacina contra Febre Amarela está indicada para crianças a partir dos nove meses de idade, que residam ou que irão viajar para área endêmica (estados: AP, TO, MA, MT, MS, RO, AC, RR, AM, PA, GO e DF), área de transição (alguns municípios dos estados: PI, BA, MG, SP, PR, SC e RS) e área de risco potencial (alguns municípios dos estados BA, ES e MG). Se viajar para áreas de risco, vacinar contra Febre Amarela dez dias antes da viagem.

(7) A segunda dose da vacina de Hepatite A deve ser ministrada seis meses após a primeira dose.

(8) A segunda dose da Vacina Varicela (catapora) pode ser ministrada inclusive antes dos quatro anos. O intervalo mínimo entre a primeira e a segunda dose é de três meses.

(9) A vacina de HPV, por enquanto, é aplicada somente em mulheres de nove a vinte e seis anos. São administradas três doses, a segunda dois meses após a primeira, e a terceira seis meses após a primeira dose.

DE OLHO NOS PLANOS DE SAÚDE

Não entre numa fria. Pesquise bastante antes de optar por um plano de assistência médica.

Sempre fui uma daquelas pessoas práticas. Sou amorosa, sim. Gosto de um abraço. Não dispenso um beijo de jeito nenhum, mas nunca me esqueço do lado prático. Quando meu filho nasceu, foi aquela explosão de amor irrestrito à primeira vista. Mil beijos e emoções. Mais tarde, minha cabeça começou a funcionar. "Preciso incluir o Luca no meu seguro-saúde." A burocracia foi rápida, bastou mandar a certidão de nascimento dele para o RH da empresa e dali a pouco chegou sua carteirinha. Ele podia ser internado no hospital mais bacana da cidade quantas vezes fossem necessárias – ainda bem que até hoje não foi.

Dois anos mais tarde e um filho a mais, saí desse emprego e perdi meu plano. O jeito foi ir atrás de informações da melhor forma de garantir a saúde dos meninos sem acabar com a minha saúde financeira. Fiquei feliz em saber que desde janeiro de 1999 o Brasil segue uma das melhores leis reguladoras de planos de saúde, o consumidor brasileiro está mais protegido do que um consumidor americano. Aprendi algumas das vantagens de escolher um plano:

- A grande mudança foi a criação da Agência Nacional de Saúde (ANS), que fiscaliza todos os planos e operadoras. Antes de contratar o seu plano, veja se no manual consta o número da ANS. Aí basta entrar no site da agência (<www.ans.gov.br>) e checar a quantas anda a operadora.

- A lei permitiu segmentar os planos em três. Existe o plano de assistência médica ambulatorial, que não inclui internação. O plano hospitalar, que não reembolsa consulta, nem exame laboratorial. E o plano de referência, que inclui tudo isso.

- Aquele papo de que maiores de 65 anos não são aceitos por operadoras não cola mais. Hoje nenhum usuário pode ser recusado. A antiga segregação por preço também caiu por terra. A Agência criou dez faixas diferentes, o valor da mais alta só pode ser seis vezes maior que o da mais baixa. E, por falar em inclusão, um recém-nascido está coberto pelo seguro dos pais pelos primeiros trinta dias, e esse é o prazo que os pais têm para incluí-lo em seu plano.

- Todas as doenças contidas na Classificação Internacional de Doenças (CID) devem ser cobertas pelos planos de saúde. E, ainda, os planos devem cobrir, no mínimo, as especialidades reconhecidas pelo Conselho Federal de Medicina, entre elas homeopatia e acupuntura, além de uma ampla lista de procedimentos e exames continuamente atualizada pela ANS.

- Fique sabendo que trinta dias é o prazo máximo para receber um reembolso e que, se o seu plano incluir exames laboratoriais, qualquer médico pode solicitar o exame e não apenas o do convênio.

- Além disso, desde 2009 passou a vigorar a regra que permite a um usuário mudar de operadora de saúde sem precisar cumprir carência. As empresas terão até vinte dias para responder ao pedido de troca. Caso neguem indevidamente uma proposta de adesão, poderão ser multados pela ANS. Para facilitar a troca, a ANS disponibiliza em seu site um guia de planos de saúde em que o usuário poderá informar as características do seu plano atual e pesquisar quais operadoras oferecem planos similares. Os planos precisam ser individuais ou familiares e ter sido firmados depois de 1999.

Antes de escolher seu plano, faça também uma eficaz pesquisa de campo. Procure um médico amigo e mostre para ele o livro com tudo o que o seu futuro convênio lhe oferece. Ele vai saber avaliar a qualidade dos serviços. E, melhor ainda, vai saber dizer se o convênio é bom pagador – se reembolsa os profissionais em dia –, um ótimo sinal para saber se a operadora está bem das pernas.

REMÉDIO (MAIS BARATO) É A SOLUÇÃO

Remédio pode ser uma coisa muito cara.
Cuidado! Previna-se para não gastar demais.

Economizar parece ser um verbo que não se conjuga quando pensamos em saúde. Ok, mas quando falamos em remédios, a história é um pouco diferente. Em geral, toda criança deve ter uma pequena farmácia para uma emergência, e é quando vamos montar a tal frasqueira de remédios que a coisa pega: medicamentos para febre, cólica, picadas de insetos... E, uma hora ou outra, seu filho pega uma infecção e precisa daquele antibiótico de última geração que custa uma fortuna.

A verdade é que hoje, com a concorrência entre os laboratórios e a briga por clientes entre as farmácias, existem algumas alternativas para comprar um produto de qualidade a preço mais vantajoso. A melhor forma de economizar é optar pelos genéricos. Pergunte a seu pediatra se ele faz alguma restrição a essa opção. Segundo a definição da Agência Nacional de Vigilância Sanitária (Anvisa), o medicamento genérico é aquele que "contém o mesmo princípio ativo, na mesma dose e forma farmacêutica" e que "deve ser administrado pela mesma via e com a mesma indicação terapêutica do remédio de referência, podendo ser, inclusive, intercambiável". Ou seja, você pode administrar o remédio de referência e continuar o tratamento com o genérico sem qualquer prejuízo ao paciente. Esse tipo de medicamento é fácil de identificar, a sua embalagem vem com uma tarja amarela com um G grande em azul, o número da Lei nº 9.787 de 1999, e sem nome: o que o define é o seu princípio ativo.

Para saber se não está comprando gato por lebre, além de conversar mais uma vez com o pediatra, é possível consultar o site da Anvisa (<www.anvisa.gov.br>), onde existe um canal sobre genéricos, inclusive com a lista de laboratórios que possuem registros de medicamentos genéricos aprovados pelo órgão. Numa compra dessas, é possível economizar até 40%, já que os laboratórios que os fabricam não investem em pesquisa, desenvolvimento ou propaganda, o que faz do produto uma opção mais econômica.

Outra alternativa de economia é optar por fórmulas manipuladas. No entanto, é preciso averiguar a idoneidade da farmácia de manipulação em que está fazendo seu pedido e prestar atenção, porque geralmente esses produtos têm um prazo de validade muito curto. Neste caso, o endosso de seu pediatra é imprescindível.

Esgotadas as opções de economia entre os fabricantes, aproveite para conseguir descontos graças à disputa entre os fornecedores, ou seja, as farmácias. Lembre-se sempre de duas opções:

1. Comprar naquelas empresas que aceitam pedidos por telefone. Além de servirem a uma região maior do que a da drogaria do bairro, elas geralmente só têm estoque, não sendo obrigadas a manter um ponto de venda bonito, com vendedores o dia todo. Assim, esse tipo de negócio acaba podendo oferecer bons descontos. Algumas cadeias oferecem o serviço e têm preço mais baixo do que o da loja. O único inconveniente é a espera na entrega.

2. Aproveitar todo tipo de promoção: pontuação por compras (o gasto com fraldas numa farmácia pode se converter em desconto em medicamentos etc.), cartões para clientes preferenciais que oferecem vantagens... Essas estratégias para fidelizar o cliente só trazem benefícios para seu bolso.

PELO SORRISO DELES (E DO SEU BOLSO)

Prevenir e pesquisar custos são formas de economizar na hora do dentista

Se eu perguntar para meu filho o que é uma cárie, ele vai dizer que não faz a mínima ideia. Ele nunca teve nem sombra de uma. Desde os quatro anos, ele vai ao dentista regularmente, a cada seis meses. Com alguns cuidados simples como esse, a boca de seu filho fica livre das cáries para sempre. Para quem é mais cuidadosa do que eu, a primeira consulta pode ser por volta dos sete ou oito meses, quando aparecem os dentes. Nessa visita deve ser feito um exame bucodental (boca e dentes, claro), serão dadas orientações sobre a saúde bucal e o crescimento dos dentes, além de uma aplicação tópica de flúor. Antes disso, as gengivas já merecem cuidados, em forma de limpeza após as mamadas, com uma gaze umedecida.

Ou seja, se você investir em cuidados, economizará em tratamento. Insista na escovação após as refeições e numa alimentação balanceada, rica em cálcio, vitaminas e outros sais minerais. Evite que a criança coma alimentos açucarados nos intervalos das refeições e visite periodicamente o dentista para controle e aplicações tópicas de flúor.

Mas prevenção não é a única questão, logo, logo, vem a fase do aparelho. Se você reparar na boca de nove entre dez crianças, verá que ali reina um platinado. E cada vez mais cedo. Hoje, esses pequenos instrumentos de tortura alargam, aumentam, empurram os pobres dentinhos e as arcadas até que fiquem no lugar ideal.

A primeira coisa a fazer é uma série de radiografias, moldes etc., que eles chamam de documentação ortodôntica, e que custa um dinheirão. A partir daí será apresentado um plano de tratamento, acompanhado do orçamento, cheio de zeros. Difícil não embarcar nessa, afinal, como é que nossos bebês não vão ter lindos sorrisos quando forem adolescentes?

Começar a usar aparelho é sinônimo de visitas mensais ao ortodontista. Cada visita é igual a uma consulta, multiplicada pelo número de filhos. Entendeu?

Por isso, antes de fechar com um ortodontista, faça uma pesquisa. A maioria dos profissionais segue a regra da visita mensal, que pode chegar a custar um salário-mínimo (!). Os aparelhos têm preços muito díspares, chegam a custar cinco vezes mais em dentistas diferentes. A variação acontece por diversos motivos. Os aparelhos dos meus filhos, por exemplo, contam com algumas regulagens, e tenho que "ativá-las", o que significa usar uma ferramenta especial duas vezes por semana. Alguns não possuem essa tecnologia, portanto, saem mais baratos. No nosso caso, se um dos meninos quebra o dito-cujo, ou ele fica velho, ou desgastado – o do Luca já foi para a funilaria e acabou sendo trocado mais de cinco vezes –, eu não pago nada pelo serviço. No entanto, se algum dos meus bonitões perder o aparelho, aí tenho de pagar um novo (graças a Deus, bato na madeira, eles nunca perderam). Soube que, em outros profissionais, esse serviço é pago cada vez que é feito.

Acho importante ter esse conhecimento antes de começar o tratamento, para optar pela melhor alternativa, aquela que equaciona o tal custo/ benefício – ou seja, um bom ortodontista com um preço viável. Por isso, prepare-se para o momento em que o dentista indicar um ortodontista, peça mais de uma alternativa, pesquise. É possível encontrar alguém competente por um preço melhor.

GARANTA SEU SORRISO

Se os gastos com dentista assustam, existe uma alternativa: o plano odontológico.

Outro dia, conversando com meu cunhado sobre planos odontológicos, achei que poderia ser bom fazer um. Por mais que a simples menção de outra prestação dê certo arrepio, considerei que em várias ocasiões é uma saída mais econômica, principalmente para quem tem filho pequeno e, além daquelas consultas preventivas, vai entrar na fase de aparelho, eventual cárie e canal...

Hoje são mais de 24 mil dentistas cooperados de todas as especialidades em todo o Brasil. A grande vantagem do plano é exatamente a cobertura nacional, ou seja, saiu de férias e teve dor de dente, é atendido por um profissional conveniado fora da sua cidade, sem burocracia.

No caso dos planos odontológicos, fique sabendo, não existe a opção familiar, só individual. No entanto, quanto maior for o número de segurados de uma mesma família, menores serão as mensalidades. Dentro desse valor estão cobertos os chamados "atos obrigatórios pela Agência Nacional de Saúde", ou seja, os procedimentos estipulados pela ANS como básicos para se constituir um plano:

- tratamento endodôntico (clínico geral);
- restauração (obturações);
- alguns itens de periodontia (problemas com gengiva);
- extração ou cirurgia;
- atendimento 24 horas.

Se for preciso algum serviço além dos citados, é feito um orçamento extra com o dentista. No caso de aparelho dentário, além da mensalidade do plano terá de ser paga uma manutenção mensal com um preço tabelado pela cooperativa. Pode parecer um dinheiro jogado fora quando não sentimos nenhuma dor de dente, mas basta ter um problema de canal ou embarcar em um aparelho para ver que o custo da mensalidade não é nada comparado aos orçamentos apresentados por dentistas independentes.

Vale pesquisar as ofertas na sua cidade, porque os preços podem ser diferentes, até mais "sedutores" por ter uma cobertura apenas local, por exemplo, o que pode ser vantajoso dependendo do perfil de cada pessoa. E, para ter segurança com relação à escolha da prestadora de serviço, confira no site da ANS (<www.ans.gov.br>) se está tudo certo com a empresa, pois eles fornecem uma espécie de lista que atesta a idoneidade dos planos. Basta ter em mãos o registro, o CNPJ ou a razão social da empresa, que a resposta sai na hora. Só assim para sorrir aliviado.

AVALIE ANTES DE ESCOLHER

Na hora de decidir em qual escola matricular seu filho, lembre-se: é melhor, também, aquela que cabe no seu bolso.

Método de ensino, proximidade de casa, capacidade dos professores, ambiente, espaço físico, equipamentos... São alguns dos pontos a serem colocados na balança antes de escolher a escola para seu filho. Todos eles muito importantes. Porém, o mais restritivo é o custo da mensalidade. Tanto que geralmente é o primeiro a ser pesquisado. Mas, atenção: nem sempre uma mensalidade alta significa qualidade de ensino. Isso você só poderá saber se pesquisar aquelas outras características. E, no final, colocar tudo na balança e ver para que lado ela pende.

Cuidado para não cair naquele conto de que educação e saúde estão no topo das prioridades e, portanto, você não pode medir esforços. Eu já falei sobre esse perigo neste livro. A escola das crianças não pode ser motivo para arruinar seu orçamento mensal. Por isso, pense bem antes de embarcar num sacrifício que pode se tornar um tormento.

Quando for analisar o custo, lembre-se de que ele vai muito além da mensalidade. Nessa conta entram material escolar, uniforme, viagens de estudo... E você pode ter certeza de que se a mensalidade da escola for mais alta comparativamente a outras escolas, esses custos também o serão.

Você pode decidir fazer um esforço em prol de uma educação melhor. Muito bacana estar disposto a esse investimento. Mas embarque nessa, desde que não seja caro demais. Lembre também que uma criança numa escola acima dos padrões da família terá coleguinhas que têm condições de arcar com todos aqueles gastos e que provavelmente proporão programas mais caros, usarão roupas mais sofisticadas, farão passeios mirabolantes... Ou seja, talvez você exponha seu filho a uma realidade diferente da sua. O que pode ser bom, se visto pelo ângulo da diversidade, mas pode causar frustração e até mesmo revolta, principalmente quando ele chegar à adolescência e fizer questão de fazer parte da turma e, eventualmente, não tiver condições para isso. Também já falei sobre isso em "A grama do vizinho", na página 77.

Uma alternativa para a escola cara é escolher uma intermediária e usar a diferença de dinheiro para cursos complementares. Além de serem importantes para a educação, serão fontes de outros amigos, novas relações, uma diversidade sempre bem-vinda em se falando de educação para a vida.

Por isso, avalie e faça as contas com cuidado. Lembre-se de calcular a chegada de possíveis novos filhos e imaginar qual seria a decisão de vocês no caso de ter de duplicar a mensalidade. Muitos economistas definem uma porcentagem-padrão de seu orçamento a ser dedicada à educação dos filhos. Acho que isso não pode ser universalizado, afinal é uma decisão individual de cada núcleo familiar. Só você saberá qual será o tamanho da família, quais esforços está disposto a fazer e quais realmente são as prioridades da sua casa. Aí, sim, poderá tomar uma decisão.

MENSALIDADES MAIS EM CONTA

Como conseguir bolsas de estudo e economizar na escola

Final de ano é época de renovar a matrícula no colégio. Aquele comunicado que chega pelo correio é sempre uma surpresa. Afinal, de quanto será o aumento? Qualquer que seja, ele vai causar impacto no orçamento familiar.

Resolvi descobrir como essa mordida poderia ser menor. Não considerei a possibilidade de mudar de instituição para uma mais barata, porque educação é a coisa mais importante que damos a eles, tanto a formal, da escola, quanto a nossa, do dia a dia. Então, deixei essa opção de lado. Mesmo assim, existem maneiras de economizar com mensalidades e matrículas. Estou falando da velha e boa bolsa de estudos.

Por exemplo, a melhor amiga da minha irmã tem nove filhos. É isso mesmo, nove. Já que as contas eram astronômicas, o marido dela teve uma grande ideia: foi dar aulas no mesmo colégio das crianças à noite, para conseguir bolsa para eles durante o dia.

Dar bolsa para filhos de professores e funcionários faz parte do acordo sindical, é obrigação. Mas existe uma restrição ao número de crianças: apenas duas. No caso da amiga da minha irmã, eles foram sortudos, a instituição estendeu a norma a todos os filhos. Calma, não é preciso trabalhar numa escola para conseguir esse tipo de benefício. Conversei com alguns colégios para descobrir quais modalidades de bolsa existem. Entenda por bolsa descontos de 5%, 10% até 80% nas mensalidades dos alunos.

Hoje em dia, a bolsa mais solicitada é a por precariedade financeira. Se o casal comprovar que não está em condições de pagar totalmente a mensalidade, recebe bolsa. Em geral, será necessário preencher uma requisição, apresentando a declaração de Imposto de Renda e dando detalhes da situação financeira. Depois é feita uma entrevista e, finalmente, o caso é avaliado. Cada instituição exige alguns requisitos básicos. Uma característica comum é que todas têm uma cota, por isso procuram não dar bolsas integrais, mas, sim, parciais para que mais crianças possam usufruir do benefício.

A vantagem é que, apesar de existir uma data para a solicitação da bolsa – em geral na época da matrícula –, ela pode ser feita em outras ocasiões, para situações que eles chamam de bolsa emergencial ou temporária. Essa funciona em casos de perda de emprego, doença e até mesmo morte.

Algumas vezes, a bolsa só é concedida a partir de uma determinada série. Quer dizer, o aluno já deve fazer parte da instituição há algum tempo. São mais difíceis de encontrar escolas que estendam o benefício desde o primeiro ano. Alguns colégios aceitam negociar com famílias que tenham mais de dois filhos inscritos.

Existem, ainda, outras duas modalidades de bolsa: para atleta e por mérito (boas notas). Mas não são todas as instituições que as promovem.

Na minha busca de informações, descobri que as escolas estão mais abertas, até mesmo sensibilizadas, com a situação dos pais. Por isso, não deixe de conversar na escola de seus filhos. Não custa nada tentar e pode fazer uma baita diferença.

EDUCAÇÃO GARANTIDA

O seguro-educação pode ser uma boa opção; com ele você assegura o término dos estudos.

Outro dia estava conversando com minha irmã e ela me falou sobre o seguro-educação. Puxa! Nunca tinha ouvido falar sobre isso e fui logo me informar a respeito, pois achei que era uma boa opção para minha família. Imagine que minha irmã é tão fã do tal seguro que, mesmo na escola de inglês das crianças, quando ofereceram a possibilidade, ela logo aceitou.

O seguro-educação é uma espécie de garantia de que seu filho vai poder terminar o curso ou até mesmo a faculdade, independentemente de você estar aqui para pagar as mensalidades. Que dizer, no caso de morte ou invalidez dos pais, as crianças continuam estudando. Quando pensamos nos anos e anos que representam a fase escolar e no quanto sempre queremos garantir o melhor para nossos filhos, a ideia é um alívio.

As apólices podem ser individuais – cada pessoa negocia seu contrato com a seguradora – ou coletivas – para vários alunos de uma mesma escola, como é o caso da minha irmã. A segunda opção acaba tendo algumas vantagens como cláusula de repetência (chegam a pagar dois anos de repetência do segurado), cláusula de formatura, cláusula de desemprego... No entanto, é preciso que a escola compre a ideia e a ofereça aos pais, só assim se alcança o número mínimo de adesões. Os planos podem ser contratados por toda a vida escolar ou por ciclos, sendo 1º ciclo (1ª a 4ª séries do ensino fundamental), 2º ciclo (5ª a 9ª séries do ensino fundamental), 3º ciclo (ensino médio) e 4º ciclo (ensino superior).

A ideia é boa, com certeza, só que mais uma mensalidade, além dos milhões de contas que vivemos pagando, causa apreensão. E se ela aumentar muito? E se eu perder o emprego e não puder pagar? São as perguntas mais óbvias. Descobri que os reajustes podem ser anuais pelo Índice de Preço ao Consumidor (IPC) ou por valores fixos em reais. E que, se algo acontecer aos pais (toc-toc-toc na madeira), a renda também sofrerá reajustes anuais obrigatórios com o índice determinado em contrato. Já no caso de quem contratou o seguro passar por dificuldades, um fato que pode acontecer, a companhia trabalha com algumas datas alternativas para pagamento das faturas, após a data oficial do vencimento, proporcionando uma flexibilidade no pagamento dos prêmios. Porém, caso o segurado fique inadimplente por mais de três meses, o seguro é cancelado.

Por isso, a ideia é muito boa, mas é preciso se informar bem antes de contratá-la e negociar, como tudo hoje em dia. Uma alternativa é apresentar uma sugestão à escola dos filhos e, com um corretor, elaborar uma proposta a uma seguradora. É bom lembrar que o valor das apólices e o custo de suas mensalidades variam entre as várias ofertas de mercado e tipos de plano, e que esse preço necessariamente não está relacionado com o da mensalidade escolar, por isso, o seguro é chamado de renda. O cálculo é feito por intermédio do corretor.

É COM ESSE QUE EU VOU

Escola, aula de natação, fonoaudióloga, escolinha de artes... Opções para levar seu filho pra todo lado.

O bebê nasce e junto surge uma nova profissão – não estou falando da maravilhosa tarefa de ser mãe, mas da prosaica atividade de motorista. Porque aquela criaturinha já precisa ir ao pediatra, à vacinação, ao berçário, às festinhas... O problema se acirra quando a licença-maternidade acaba. Como é que ele vai conseguir cumprir toda sua rotina? É claro que dá para encaixar na hora do almoço, dividir com o marido, pedir uma ajuda para a sogra. Mas, com o passar do tempo, a gente chega à conclusão de que essas soluções menos profissionais acabam sempre dando certa dor de cabeça, alguns bolos e atrasos, e lá sai você de seu trabalho, desesperada, para pegar seu filho que ficou esquecido na escola. Está na hora de repensar o assunto e achar uma alternativa mais segura. Algumas opções:

• **RODÍZIO** – UMA AJUDA A OUTRA

Encontrar no seu prédio, em seu círculo de amigos ou entre as mães do berçário outras dispostas a fazer rodízio é a solução mais em conta. A primeira dificuldade no caso é achar essas pessoas. Converse na porta da escola, bata um papo com o zelador do seu prédio, faça o famoso boca a boca. Daí vai ser preciso conhecer um pouco suas colegas: será que elas seguem os horários? Dirigem direitinho? As crianças vão se dar bem? O problema aqui é que só vai funcionar para tarefas comuns, como ir e voltar da escola, do curso de inglês ou de alguma aula particular na mesma instituição. Você vai continuar com problemas nos dias de pediatra, dentista, balé, fono...

• **MÃETORISTA** – UMA POR TODAS

Pois é, os tempos modernos criaram essa profissão. Uma mãe se oferece para levar outras crianças para: aulas, médicos e escolas; todos dentro de seu próprio bairro. O preço varia em função do tempo gasto e da distância, mas é mais caro do que o de um táxi, por exemplo. A vantagem é que a criança não precisa ir acompanhada, pois já está com a profissional que é uma mãe muito ligada, fica atenta às crianças, repara como saem das aulas, ouve seus comentários, acompanha-as ao médico e depois pode relatar tudo à família.

• **TRANSPORTE ESCOLAR** – TODOS JUNTOS

Uma alternativa clássica são os ônibus ou vans escolares. Normalmente, as empresas responsáveis pelo transporte não são vinculadas à instituição, mas são indicadas por atender às suas regras. Muitos colégios divulgam em murais as opções de empresas de transporte. Mas os pais são livres para escolher a empresa que quiserem. A escola recomenda algumas empresas pelos critérios de segurança, qualidade no atendimento e atenção aos alunos. Para atividades extras, fora do período regular de aula, muitas vezes existe um segundo horário de transporte. O motorista precisa ter carteira de categoria D ou E e ter participado dos cursos de transporte escolar e de deficiente físico no Detran, que fornece uma credencial para quem está apto a trabalhar com esse tipo de transporte. O serviço costuma ser dividido por bairro e por idade das crianças. O melhor é optar por linhas mais curtas, mesmo misturando idades, para que a criança não demore muito para chegar ao destino. Dentro do veículo, é preciso ter um acompanhante para organizar a disciplina e dar mais segurança. Em alguns colégios é permitido que o aluno troque de linha determinados dias da semana, para que seja deixado em alguma aula particular. Verifique se, na escola de seu filho, ainda é possível que ele seja pego na saída da aula extra mais tarde. Alguns motoristas costumam fazer esse tipo de bico nos horários que não são de entrada ou saída de aulas. O serviço deve ser pago em 12 parcelas, inclusive nos meses de férias. A vantagem é que é seguro (geralmente os veículos estão conectados por um radinho direto com a central de transportes) e segue um regulamento, tanto para o aluno quanto para o motorista e acompanhante.

• **TÁXI** – ELE POR SEU FILHO

Chamar um táxi para levar seu filho com a babá ou sua empregada é uma solução prática e fácil. Muitas mães acabam se informando sobre os serviços de táxi das redondezas e fazendo um contato maior com um motorista. Algumas vezes a proximidade é tamanha que o motorista acaba fazendo até alguns serviços para a casa. O problema é que se o profissional ficar doente, não vai dar para contar com ele.

• **TRANSPORTE EXECUTIVO** – COMO SE FOSSE SÓ SEU

Uma alternativa parecida com o táxi, porém mais cara, é usar os serviços de alguma empresa que faça transporte de executivos, como se fosse a terceirização do motorista particular. São carros executivos, cujos trajetos são cobrados por quilômetro (mais caro do que o de um táxi comum) e pagos no final do mês por meio de boleto. Os motoristas são cadastrados e de confiança, mas, mesmo assim, ainda é aconselhável mandar a criança acompanhada por um adulto. Outra vantagem é que você não fica dependente de um único motorista, que pode ficar doente e dar o cano.

• **MOTORISTA** – PARA ELE E PARA TODA A FAMÍLIA

Esta é a opção mais cara e talvez a mais cômoda. Afinal você vai ter de comprar um carro, pagar o preço do combustível, seguro e manutenção e contratar um funcionário só para isso. Dá trabalho e é caro, sim, porém vai ser uma pessoa de confiança que estará a seu dispor o dia todo. Uma alternativa seria dividir o funcionário com mais mães; outra, ter o motorista apenas por meio período, ou mesmo atribuir novas funções a ele além de dirigir. O salário varia com a quantidade de horas e a cidade onde você mora. Lembre também que será preciso registro em carteira e pagar o INSS. Para as mães de meninas, que têm certo receio em ter um motorista, basta lembrar que a profissão não é exclusiva dos homens. Contrate uma funcionária ou mesmo treine para a função a babá ou uma empregada de muitos anos.

HAJA MENSALIDADE!

A gente acaba gastando quase o mesmo valor da mensalidade do colégio com os cursos extras... Prepare-se!

Sou de uma grande família italiana. Portanto, tenho vários irmãos, cunhados e uma deliciosa multidão de sobrinhos (são 17, até agora). Um dos pequeninos, o João Pedro, filho do Zé e da Patrícia, tem quatro anos. Além da escola, ele faz aula de natação e judô. Sua irmã maior, a Camila, de sete anos, estuda das 8h às 15h e faz natação, além de balé, flauta e ateliê de artes. Tenho outra sobrinha pequena, que é minha afilhada, a Helô, de seis anos, filha da Ana e do Cuca. A Helô adora a oficina de artes, faz também dança, esportes no clube, natação e música.

Não estou aqui para discutir as agendas megalotadas das crianças, falta de tempo, essas coisas. São assuntos complexos. Mães e pais muitas vezes colocam as crianças nessas aulas para que eles não fiquem em casa jogando videogame ou vendo televisão, porque não há um jardim onde eles possam brincar, porque o filho adora futebol, ou mesmo porque precisa de terapia. Esse tema é muito complexo. Estou abordando esse assunto porque aquele seu lindo bebezinho, dentro em breve, entrará nessa fase. E não vai demorar muito tempo, não. Alguns começam aula de natação aos seis meses. Sem ser tão radical, a partir dos dois anos já existe a opção de fazer oficina de arte, música... O João, como eu disse, já está nos esportes há mais de ano. Os pais, além de carregar os filhos de um lado para outro, têm uma tarefa ainda mais árdua: pagar por tudo isso. É matrícula e mensalidade que não acaba mais.

Meu objetivo aqui é preparar seu orçamento para esses futuros gastos. Não vou propor nenhuma poupança, porque, para dar conta do recado, ela já deveria ter começado antes de vocês se casarem. Mas a ideia é um alerta. Existem escolas e escolas. A aula de tênis em grupo, por exemplo, geralmente é muito boa e mais em conta do que uma aula particular.

Colocar numa escolinha de inglês pode sair mais barato do que chamar uma professora em casa, a não ser que sejam mais crianças no mesmo horário. Existem associações, ONGs, entidades que promovem cursos com preços mais competitivos. Se você já paga a mensalidade de algum clube, certifique-se de quais atividades ele oferece; em geral, essas mensalidades são mais baratas do que as das escolas particulares. Além disso, lembre-se de que, quando são mais irmãos, é possível pedir desconto. Aliás, não esqueça de verificar se há possibilidade de diminuir o preço sempre. Tenho uma conhecida que conseguiu 15% de desconto numa boa aula de natação – coisa que nunca pensei em fazer na escolinha dos meus filhos. Aliás, ela me ensinou que o melhor momento para pedir desconto é na hora de renovar a matrícula: basta dizer que está caro, está pensando em tirá-lo de lá, ou mesmo que encontrou outra escola mais em conta...

Sim, nossos pequenos merecem curtir todas essas coisas, se lambuzar nas artes, suar a camisa no futebol, aprender palavrão em inglês... Todas as delícias que essas aulas proporcionam, mas isso não pode significar a bancarrota da família. Procure, pesquise, peça desconto, informe-se.

E DÁ-LHE CONTAS!

Todos os anos há gastos com material e uniforme escolar. Não dá para fugir, mas dá para economizar.

Começo do ano é época de gastos com material escolar e uniforme. É uma lista infindável de coisas para comprar. De borracha em borracha, a conta vira astronômica.

Minha irmã, Fabíola, supereconômica, começa a fazer suas pesquisas já em dezembro (quando eu crescer, quero ser como ela!). A Fabíola pergunta na papelaria do bairro, navega na internet, vê quanto sai o pacote de material na escola... Compara tudo e já chegou a economizar muito em material. São três crianças, e ela fez um bom negócio. Segundo minha irmã, a internet é a melhor opção para comprar livro mais barato, no entanto é preciso ter cuidado com o ano de publicação. Ela aconselha: títulos como atlas não podem ser de edições antigas, porque mudam muito. Por isso, quando comprar alguma coisa pela rede, lembre-se de se certificar sobre esses detalhes.

Escolas de educação infantil, em geral, incluem o preço do material na mensalidade – é meio salgado, mas pelo menos não dá trabalho. Em algumas escolas, o material pode ser comprado diretamente lá. É uma alternativa prática, mas nem sempre econômica. A escola em que meus filhos estudam entrega uma lista, e duas papelarias no bairro vendem tudo encapado e etiquetado. Só de lembrar as tardes que minha mãe e eu passávamos encapando livros, tenho certo arrepio. Então vou correndo a essas papelarias para não ter esse trabalho. (Já tentou cortar plástico? Se a tesoura sai do lugar, vai tudo para o lixo! E encapar com contact? Colou errado, fica horrível!)

Minha amiga Adriana compra numa rua de atacadistas no centro da cidade coisas como tesoura, lápis de cor, papel... Este ano está planejando falar com algumas mães, porque chegou à conclusão de que, se optar por comprar caixas fechadas com vários desses produtos, o preço final fica bem mais em conta. Só não vale querer fazer economia comprando o material "a granel" e acabar micando em casa com 12 blocos de papel pautado, que você nem sabe se serão usados no ano seguinte.

Lembre-se também de ver se há como "herdar" alguns livros. Se a própria escola não dispõe de um programa de reaproveitamento de livros – a dos meus filhos criou o "Livro Vivo" –, vale pesquisar com outras mães. Por mais que a maioria dos livros seja daqueles que as crianças têm de preencher, o que quase impossibilita seu uso mais de uma vez, existem alguns que podem ser reaproveitados. Além de econômico, é ecológico.

Uniforme é mais um item nessa lista. Em algumas escolas, cada série exige uma cor de camiseta – e gira a caixa registradora! Costumo ir comprando uniforme durante o ano. Em janeiro, só reponho o essencial e vou vendo o que é necessário conforme o uso. Antes, comprava tudo no começo do ano, inclusive os casacos quentes. Esses meninos crescem tanto, e a temperatura é tão instável, que algumas coisas eles acabavam usando pouco e já perdiam. A verdade é que o preço de um blusão ou de uma camiseta é fixado em janeiro e geralmente não muda durante o ano, portanto é melhor adquirir apenas quando for necessário.

Lembre: antes de comprar novos, mande fazer reforços nos joelhos para usar a peça o máximo possível. Afinal, já aprendi: essa história de uniforme bonitinho e em ordem é para o primeiro minuto de uso e para mães de meninas, porque meninos são verdadeiros detonadores de uniformes.

FESTA DAS ARÁBIAS

Antigamente a primeira megafesta era a de quinze anos, agora, o aniversário de um ano já virou um evento.

Já reparou como essa comemoração, antes uma reunião de família com alguns amigos em volta de uma mesa cheia de docinhos feitos em casa, hoje virou megaprodução? É preciso encomendar mesa temática, recreador com ph.D. em teatro, lembrancinha que custa mais que presente... Cuidado! Não entre nessa roubada. Antes de embarcar numa festa, faça as contas. Pode ser que você esteja gastando o valor de uma viagem numa comemoração que dura quatro horas. É possível?

Não estou fazendo aqui uma ode contra comemorar o aniversário do seu filho. De jeito nenhum. Eu mesma já dei festas para os meus – e em bufês. Devo confessar que a opção é bem sedutora. Fácil, não suja sua casa, não dá trabalho, quando você chega está tudo pronto como num passe de mágica, e a verdade é que as crianças gostam, e muito. O que estou falando é que você não pode, nem deve pirar com uma festa. Se o bufê já oferece recreação e brinquedos, para que teatrinho? Se dentro do serviço já estão inclusos o convite e a mesa, por que mandar fazer outros exclusivos? Afinal, todo mundo sabe que o destino do convite após o dia do evento é o lixo. As mesas do bolo são pouco apreciadas com toda aquela criançada em volta disputando os doces a tapa; não precisa de nada tão especial, a decoração que o bufê oferece está mais do que boa. Filme e fotos podem ser realizados pela família e pelos amigos mesmo. Bastam alguns cuidados e o custo da festa cai bastante.

A minha proposta é colocar os pés no chão. Falo bem alto para eu mesma escutar o que estou dizendo. Com o passar dos anos e de muitas festas, fui reparando que meus filhos gostam tanto dos aniversários superproduzidos quanto dos caseiros. O que importa é que os amigos estejam lá e que eles brinquem, e isso pode muito bem ser com a prosaica corrida do saco ou da batata na colher; se estiver dentro do orçamento, contrate um recreador que faça uma gincana, eles adoram! Um bom cachorro-quente de barraquinha satisfaz legal. A única coisa que não pode faltar é lembrancinha. Essa, sim, é muito importante, mas não precisa parecer um presente. Atenção, é lembrancinha com diminutivo mesmo! Aqueles bichinhos que a gente coloca na água e inflam já são uma diversão; em atacadões é fácil escolher uma coisa legal. O evento acaba saindo por um terço do preço, ou até menos, com o mesmo tanto de diversão.

Compare:

	FESTA NA ESCOLA*	FESTA EM CASA*	FESTA EM BUFÊ*	FESTA EM BUFÊ MAIS PRODUZIDA*
Convite	Em papelaria (R$ 3,90 cada com oito unidades) **R$ 27,30**	Em papelaria (R$ 3,90 cada com oito unidades) **R$ 27,30**	Incluso no preço do bufê	Convite personalizado (R$ 3,00 cada) **R$ 150,00**
Comida	———	**R$ 500,00** (barraquinha de pizza, pastel...)	Incluso no preço do bufê	Incluso no preço do bufê
Doces	Leve brigadeiro feito em casa **R$ 40,00**	R$ 5,00 por pessoa **R$ 250,00**	Incluso no preço do bufê	Incluso no preço do bufê
Bolo	Faça em casa **R$ 30,00**	Faça em casa **R$ 30,00**	Incluso no preço do bufê	Incluso no preço do bufê
Bebidas	30 latas de refrigerante **R$ 39,00**	75 refrigerantes **R$ 95,00**	Incluso no preço do bufê	Bebida alcoólica para os pais **R$ 300,00**
Decoração (do salão e mesa)	———	**R$ 400,00**	A do próprio bufê	Feita por uma empresa a partir de **R$ 500,00**
Recreação (entre 3 e 4 horas)	———	**R$ 400,00**	A do próprio bufê	Um grupo de recreadores a partir de **R$ 500,00**
Show ou atração	———	**R$ 600,00**	**R$ 600,00**	**R$ 600,00**
Lembrancinha	R$ 3,00 por criança **R$ 150,00**	R$ 5,00 por criança **R$ 250,00**	R$ 5,00 por criança **R$ 250,00**	R$ 10,00 por criança **R$ 500,00**
Preço por criança	———	———	R$ 90,00 **R$ 4.500,00**	R$ 110,00 **R$ 5.500,00**
Valet park	———	———	R$ 6,00 por carro **R$ 300,00**	Incluso no preço do bufê
Fotografia	Peça para a professora fotografar	**R$ 450,00** álbum com 30 fotos	**R$ 450,00** álbum com 30 fotos	**R$ 700,00** álbum de luxo com 50 fotos
Filmagem	———	**R$ 450,00**	**R$ 450,00**	**R$ 450,00**
TOTAL	**R$ 286,30**	**R$ 2.962,30**	**R$ 6.550**	**R$ 9.630**

* Valores para cinquenta pessoas, com festa realizada em dia de semana (no final de semana é mais caro). Preços pesquisados em empresas especializadas em São Paulo, em janeiro de 2010. Atenção: os preços por pessoa no bufê diminuem a partir do 51º convidado para R$ 36,00.

AFINAL, QUANTO GASTAR NUM PRESENTE?

Depende de vários fatores... Siga esta conta para você nunca errar no valor.

Há semanas em que meus filhos têm quatro festas. Quatro! Isso quer dizer quatro idas a bufês, na verdade, três, uma delas vai ser na escola. "Que caras sociáveis!", você pode dizer, e eu respondo: sim e não. Sim, eles são sociáveis, porém não é preciso ser sociável para ser convidado para festas, essa é uma prerrogativa de quem está na escola. Mesmo os mais tímidos e menos sociáveis recebem muitos e muitos convites. E festas significam presentes. Na semana passada, comprei dois, na que vem, por enquanto, só terei de comprar mais um. (Além dos quatro desta semana.)

Se eu soubesse, no lugar de uma poupança para pagar a escola dos meninos, teria feito uma poupança para comprar os presentes de aniversário para os amiguinhos. Uma dinheirama enorme. São tantos convites e festas que o oitavo aniversariante do mês acabaria recebendo um presentico por falta de saldo.

Por isso, resolvi criar uma espécie de tabela, um critério para a compra de presentes. Pode parecer maluco, mas acompanhe meu raciocínio e você vai ver que é bem útil. O convite chegou à minha casa e a primeira coisa que olho é o remetente. Se for um amigão, daqueles que a gente conhece há um tempo, cuja mãe é o máximo, compro um presente bacana, penso no que vou dar sem olhar o preço. Mas, nos outros casos, aqueles em que o remetente é apenas um nome da lista dos coleguinhas da classe, aí é diferente. Se o seu filho estiver no primeiro ano da pré-escola, você provavelmente estará dizendo que conhece todos os amigos dele, ok, eu também conhecia, mas garanto: o tempo vai passando, eles vão crescendo e você deixa de saber quem é todo mundo. Aí o jeito é seguir critérios.

- **A FESTA É EM BUFÊ?**

Faço minhas contas. Penso no custo de uma pessoa numa festa de bufê. Se na festa formos meus filhos, a babá e eu, a mãe estará gastando vezes quatro para ir à festa. Por isso, penso num presente que custe uma pessoa no bufê (90 reais, conforme a tabela da página 179).

- **A FESTA É NA CASA?**

O gasto não vai ser tão grande, mas o trabalho é enorme, eles merecem. Penso em dois terços do custo por pessoa da festa em bufê (60 reais).

- **A FESTA É NA ESCOLA?**

É mais simples, em geral bem rápida, mais uma lembrança da data. Gasto metade do valor de uma pessoa da festa em casa (30 reais).

• FESTAS PARA AS QUAIS ELES FORAM CONVIDADOS, MAS NÃO VÃO...

Sempre procuro mandar um presente. Um livro é a solução. É um presente bacana e não custa muito.

• FESTA DE QUEM DÁ PRESENTÃO...

Esta é a situação mais difícil. Aquelas amigas que têm tudo e gastam bastante quando presenteiam meus filhos. Aí o que vale não é o valor, mas a criatividade. Ponho a cabeça para funcionar para encontrar um presente descolado.

Para quem está com o orçamento mais apertado, a grande solução é pensar um pouco no presente, usar a criatividade, dar uma coisa diferente. A gente economiza e faz sucesso. Por outro lado, o grande problema é que geralmente não dá tempo. Por isso, criei minha tabela, que me ajuda bastante, além de me permitir ser justa.

Pare um pouquinho para definir os seus critérios. Estabeleça valores, por mais que pareça estranho – cada um sabe o quanto pode gastar e sempre existem aquelas pessoas incríveis que conseguem comprar com pouco um presente bacanérrimo. Pena, eu nunca fui assim.

P.S.: Uma boa notícia vinda da minha irmã que tem três filhos adolescentes: à medida que as crianças vão crescendo, o número de festas e aniversários diminui!

AO MESTRE, COM CARINHO

Com a criança na escola, você gasta também em presentes para professora, assistentes, porteiro...

Logo que meu filho mais velho entrou na pré-escola, eu passei a experimentar uma nova sensação: inveja da professora. Se você achou que meu nobre sentimento seria porque ela estaria em contato direto com meu rebento, como testemunha de seu aprendizado e crescimento, enquanto eu ficaria chupando o dedo em casa, enganou-se. A sensação era bem menos nobre. Eu queria mesmo era aquela montanha de pequenos (e grandes) presentes que ela recebia na aproximação de datas como Páscoa, Dia do Professor, Natal e aniversário. Repito: adoro presentes e ficava morrendo de vontade de ganhar um também.

Bom... Este texto não é para discutir meus problemas psicológicos com presentes, nem a necessidade de uma terapia rápida, mas para falar sobre os tais mimos. Na verdade, é um alerta, se seu filho está entrando na escola, prepare-se, até mais ou menos o terceiro ano do ensino fundamental, você vai presentear professores. Na pré-escola, o benefício se estende a todos os prestadores de serviço.

Quer dizer, a professora da classe, a assistente, a professora de inglês, de música, de culinária, de educação física e até mesmo aquelas das aulas particulares, de natação, esportes... O número pode chegar facilmente a dez presentes que, mesmo pequenos, não podem ser ignorados. Não adianta ficar fingindo que não é com você, a pressão para comprar uma lembrancinha é grande e seu filho vai ficar morrendo de vergonha de ser o único a "não trazer nada" para a professora. Por isso, não adianta fugir.

Pelo menos fique sabendo que não precisa ser um megapresente. Na Páscoa, por exemplo, um prato de brigadeiro é o suficiente e faz sucesso, pelo menos é o que parece. Muitas mães mandam ovos, mas outras dão enormes cestas. Isso é sempre assim. No Dia do Professor, o presente em geral é maior, principalmente para aqueles profissionais que acompanham a criança o dia todo na classe, para as de aulas extras, novamente pode ser uma lembrança. No Natal, adote a lembrança para todos. Presente de aniversário é um luxo, geralmente oferecido apenas para a professora da classe.

Mas devo admitir que, nestes anos em que meus filhos frequentam a escola, a melhor opção – e olha que já experimentei todas – sempre foi reunir as mães da classe e fazer uma vaquinha. Só traz vantagens:

- com menos é possível comprar alguma coisa maior;
- é o fim da competição entre o melhor presente (pois é, acontece, as próprias crianças comentam);
- sempre aparece uma mãe disposta que descola uma ideia bacana de presente.

O lado negativo é a dificuldade de encontrar uma boa alma para levar o projeto em frente. Para quem se candidatar à função (já fui responsável por isso duas vezes), dou alguns conselhos:

1. Depois de bater um papo com as mães mais chegadas, procure uma sócia para a empreitada e enviem juntas uma carta para todos os pais dos colegas de classe, informando sobre a ideia, o valor que pretendem para a participação e a data final do pagamento. Lembre-se de anexar um canhoto ou uma espécie de picote no qual o responsável informará se aceita fazer parte, incluindo nome, nome do filho, telefone para contato e assinatura. Assim, se passar do dia marcado, pode cobrar.

2. Estipule a data com certa antecedência, para que você tenha tempo de cobrar os atrasados e comprar os presentes. Evite "emprestar" dinheiro para quem não pagou; você corre grande risco de morrer sem a grana – sério!

3. Anote, a cada depósito, quem foi o responsável – não vá juntando o dinheiro sem prestar atenção, você pode se confundir!!!

4. Some o valor final e discuta com outras mães sobre as ideias de presentes – mas não adianta também ser muito democrática, senão vira uma confusão. Decidam e comprem.

5. É importante fazer a prestação de contas, anexando uma cópia com as notas do que foi comprado. Procure circular essas informações entre os pais. Seguro morreu de velho e a última fama que você vai querer ter é de enriquecimento ilícito à custa de presente dos professores.

6. Compre um cartão para cada professor e, se puder, peça para quem deu o dinheiro assinar, senão escreva você mesma os nomes. Afinal, só quem participou merece levar os louros. Não se iluda, é um trabalhão, mas aproxima as mães, os filhos ficam orgulhosos de seu papel e, no final, você acaba fazendo uma boa economia. Ganha você por gastar menos e as professoras que, no lugar de um monte de presentinhos, recebem uma coisa mais bacana.

FÉRIAS, E AGORA?

Matricular seu filho num curso durante as férias pode ser uma opção interessante e divertida

Pela Consolidação das Leis do Trabalho (CLT), os empregados em geral têm direito a trinta dias de férias corridas por ano. Já as férias escolares, geralmente são em janeiro e julho. No mínimo, os pais têm uma defasagem de trinta dias em relação aos filhos. A questão é o que fazer com eles nesses dias seguidos, se você está no trabalho? Haja casa de avó, brincar com amigos, visitar os primos... Como enfrentar a cara de abandono que eles fazem quando a gente sai para o trabalho?

A solução de muitos pais é optar por acampamentos nas férias, cursos, recreação... É mais educativo e favorece a sociabilidade. Mas é importante planejar. O investimento num curso pode servir como uma boa experiência para o futuro. Que tal começar a pensar agora no que os pequenos vão fazer nas férias?

Uma dica é aproveitar esse período como uma espécie de laboratório para desenvolver habilidades em seus filhos. Certo mês de julho meu sobrinho Chico, na época com quatro anos, foi para uma aula de circo. Duas semanas foram suficientes para minha cunhada Ana, mãe também da Helô e juíza, conferir que ele levava jeito, que o curso favorecia seu desenvolvimento motor e a interação com os amigos. Não deu outra, o circo entrou para suas atividades semanais.

Quando meu filho Luca tinha sete anos e o Tiago, cinco, coloquei-os numa espécie de acampamento em inglês. Era um dia todo de brincadeira, só que tudo na língua de Shakespeare. Para o Luca, trouxe confiança de usar seus conhecimentos e para o Tiago – depois de certo medo inicial – foi um salto.

O que estou propondo é que o mês de julho, para aquelas famílias em que as crianças não têm muito o que fazer, funcione como um experimento para o conhecimento.

Ele sempre gostou de música? Que tal um intensivo com um instrumento? O que não falta são alternativas: de canto a balé, passando por oficinas de criação, aulas de arte, culinária...

E se na sua cidade essas coisas não forem tão organizadas como em São Paulo ou no Rio de Janeiro, aí vai uma lição que aprendi com minha sogra, a procuradora Anna Maria, mãe da Ana, do Antonio e do Zé. No começo de seu casamento, ela morou em cidades pequenas, sem muita estrutura. Isso não a intimidou. Anna Maria procurava e acabava encontrando uma italiana que pudesse dar aulas da língua para os filhos, um professor de ginástica que estivesse de férias, uma artista que tivesse disposição com as crianças... Com a criatividade dela, meu marido e seus irmãos fizeram muitas coisas interessantes. Tenho em casa todas as partituras que o

Antonio usava para dedilhar seu piano. Naquelas aulas ele aprendeu a ler música e não esqueceu. Quando o Tiago resolveu se aventurar pelas teclas do piano, lá foi o Antonio mostrar para ele seus conhecimentos. Foi muito legal. Eu recomendo.

Só não vale esquecer que esses trinta dias são de férias. Portanto, nada de lotar a agenda das crianças com cursos extras. Deixe tempo para eles dormirem um pouquinho mais, visitarem amigos e parentes, verem televisão, jogarem videogame... Essas coisas que eles adoram. E fazer alguma espécie de curso, sim. Afinal, tempo é o que não vai faltar.

DESCANSO SEGURO

O seguro-viagem é um alívio numa hora de estresse e uma garantia de que seus filhos serão bem tratados

Quando surge a ideia de uma viagem, é uma festa. A primeira coisa a fazer é pesquisar opções de destinos, preços de passagens, pacotes turísticos. Depois que isso foi definido, chega a hora de juntar todas as informações possíveis sobre as cidades a serem visitadas, passeios imperdíveis, endereços de restaurantes, dicas de compras... E, então, vem o planejamento da mala, que precisa ser feita de forma a ter todo o necessário, com espaço para o que for comprado novo. A organização é detalhada, mas, geralmente, a gente esquece de um cuidado importante: contratar um seguro-viagem.

Sofrer um imprevisto numa viagem pode significar gastar muito dinheiro. Por imprevisto, quero dizer seu filho machucar a perna esquiando, ter de levá-lo ao médico por uma indisposição alimentar, ou mesmo estar com insolação de tanto ficar exposto ao sol na praia... Essas coisas que a gente nunca imagina que acontecem, mas que, no momento do aperto, acaba se culpando por não ter se prevenido.

Uma boa notícia: é possível estar coberto por algum tipo de seguro sem nem estar sabendo. Muitos cartões de crédito internacionais, como American Express, Diners, Visa International ou Mastercard, oferecem esse tipo de serviço gratuitamente: faz parte do pacote – inclusive extensivo aos filhos menores. Alguns seguros-saúde também estendem seus benefícios a outros estados e ao exterior. Por isso, antes de viajar, consulte as vantagens oferecidas pelo seu cartão de crédito e pergunte, no seu seguro-saúde, qual tipo de cobertura pode dar à viagem.

Se você não possui nada disso, não há problema, existe a contratação avulsa, que pode ser feita numa operadora de turismo (com taxas convidativas, já que negociam vários seguros em suas viagens) ou num balcão do aeroporto mesmo.

Certas empresas, como a Assist-Card ou a Touristcard, fazem isso. É possível comprar um seguro-viagem pelo período em que estiver fora.

O preço varia de acordo com a quantidade de dias e a cobertura escolhida. Costumam cobrir despesas médicas, odontológicas e farmacêuticas em caso de acidente ou doença súbita e podem, também, estar ligados a um seguro de acidentes pessoais. Existem planos completos que ainda cobrem assistência jurídica (por exemplo, num outro país com leis de trânsito muito rígidas, você pode parar num tribunal!), recuperação e indenização por perda de bagagem, auxílio em perda de passaporte ou cartão de crédito, traslado por enfermidade ou acidente, repatriação por morte e garantia de regresso no caso de roubo de passagem.

Se estiver no exterior, você poderá ligar para o Brasil ou para uma central com um atendente que fala português, o que ajuda muito na hora do aperto: nem sempre é fácil explicar esse tipo de situação em outra língua. Isso acontece porque as empresas que oferecem o serviço fazem parte de uma rede internacional de parceiros, com escritórios em várias cidades do mundo, e prestam o serviço uns pelos outros.

O papo pode estar parecendo meio chato quando o assunto é uma deliciosa viagem de férias, mas a minha intenção é que as lembranças dessa viagem sejam (só) boas.

ADOLE$CÊNCIA

Cabeleireiro descolado, jeans de marca, bermuda de surfe... Os custos na adolescência se multiplicam.

Deixe seu filho crescer um pouquinho, coisa que ele vai fazer num piscar de olhos. E de um dia para o outro, aquele lindo bebê terá opinião própria, e pior do que opinião, terá gosto próprio. E começará a insistir para ser atendido.

Eta dificuldade!

Como se as mudanças hormonais já não fossem suficientes na adolescência, agora eles aprendem todas as conjugações do verbo gastar. Prepare-se. Essa é uma fase em que os custos com educação, vestuário e hábitos aumentam mesmo – queira você ou não.

Para uma formação mais eficiente, ele terá de fazer outras aulas (de computação, por exemplo, ou um curso de fotografia); vai ser preciso ter uma professora para um apoio escolar; os livros são mais caros... Isso tudo se resume em um custo mais alto.

No lado social, o adolescente vai querer fazer parte do grupo com o qual se relaciona, ser aceito e isso tem outro custo – às vezes mais alto ainda.

Não estou falando aqui de você ter de dar para ele o mesmo que todos os amigos têm. De jeito nenhum, até porque entender as diferenças, como já falei neste livro, tem tudo a ver com aprender o valor do dinheiro. Mas o básico que os amigos fazem, ele vai ter de fazer também. Por exemplo, se todos os amigos vão à balada – e isso custa –, ele provavelmente vai querer ir. Para ir à balada, precisa ir vestido de acordo (isso quer dizer na moda, é claro) e gastar um tanto lá dentro, nem que seja para tomar uma água para matar a sede. Isso também custa, e muito mais do que você estava acostumado a gastar.

Essa será uma fase de aprendizado para os dois lados. Dos pais, para saber quanto querem e podem dar e como limitar. Dos filhos, para compreender o que podem e o que não podem fazer.

A função do adolescente, de agora em diante, vai ser pedir. A dos pais será dar a resposta dentro do orçamento da família, mas, mais importante ainda, dos princípios que querem que ele apreenda.

ELAS CUSTAM MAIS

Vocês têm um casalzinho? Que graça. Mas podem ficar sabendo: vão gastar muito mais com a menina.

Sempre quis ter uma filha, mas brinco que acabei não tendo para proteger minhas finanças. Acontece que menina sai mais caro mesmo. Basta dar um pulo numa loja de roupas infantis para conferir. Veja qual seção tem mais produtos: a dos meninos ou a das meninas? A delas, é claro. Além de mais variedade de modelos, tem também muito mais produtos diferentes. A começar por uma série de acessórios, como tiaras, fitinhas etc. Pura tentação!

Aí eles vão crescendo e a diferença continua. Um menino megaconsumista e vaidoso vai ter tênis, chuteira, sapato e no máximo uma papete. Agora confira as infinitas possibilidades para uma menina: sandália baixa, branquinha, preta de verniz, modelo com saltinho, tênis, sapato, sapatilha...

Com o passar dos anos, a coisa só piora. Entra o assunto beleza, que para uma menina é um verdadeiro universo à parte. Podem falar que os homens viraram metrossexuais, que se cuidam, mas não chegam aos pés de uma garota.

Por isso, se sua linda menina acabou de nascer, atenção redobrada com as finanças. Pode começar a ensiná-la sobre limite já. A verdade é que esse monte de tentação pela qual sua filha vai passar pode também ser visto como uma série de oportunidades de ensinar um pouco sobre o valor do dinheiro e como economizar. Quando chega a adolescência, socorro! É quando essa situação se torna aguda.

Tenho quatro sobrinhas nessa fase e, com a experiência de minha irmã e minhas cunhadas, descobri algumas lições que sua filha pode copiar:

- Ela gosta de trocar de esmalte? Pode aprender a fazer as unhas sozinha, e, se ficar *expert*, quem sabe se oferece para fazer as unhas de outras meninas e até ganhar algum trocado.

- Não resiste a uma roupa nova? Diga para ela combinar com as amigas um rodízio de roupas, uma troca com a outra. Imagine as múltiplas opções que três armários diferentes podem oferecer.

- Quer fazer escova, chapinha ou *babyliss*? Como isso se repete a cada final de semana, comprar esses aparelhos acaba saindo mais em conta do que pagar o cabeleireiro (aqui também vale pedir emprestado das amigas). Na primeira vez, o *babyliss* pode queimar os dedos, a chapinha não sair tão lisa ou a escova dar um cansaço. Basta treinar que o resultado fica ótimo – obstinação será uma segunda lição, neste caso.

- Ela adora maquiagem? Que bom que dá para dividir com a mãe os produtos e, geralmente, as meninas são jeitosas e conseguem se maquiar. Fale para ela prestar atenção na maquiagem que vê em fotos e revistas e tentar copiar. Com certeza, ela conseguirá.

- Depilação é caríssima? Outra opção que pode ser feita em casa.

Se sua filha apresentar objeções ao seu plano "faça você mesma", o que você pode sugerir é que ela use a sua mesada para todas essas situações. Fácil, fácil, ela vai reparar que antes de estar pronta, o dinheiro vai ter acabado – inclusive para pagar a saída.

Ah! Tem mais uma, as adolescentes adoram se arrumar juntas para sair. O que é ótimo, porque sempre tem uma com habilidade para o cabelo, outra para a maquiagem etc. No final, um único pai leva todas para a festa. Mais economia, de tempo e gasolina.

Seguindo essas dicas, sua menina aprende a economizar, a fazer escolhas e a criar alternativas, tudo o que você precisa para que ela se torne uma adulta responsável.

P.S.: Quer um consolo: sua filha custará menos na hora de pagar a balada. Em geral garota não paga, ou paga só metade. Afinal, qual menino quer ir a um lugar que não tenha meninas?

QUINZE ANOS

Para quem tem filha, a aproximação dos quinze anos é um evento e um rombo no orçamento – faça ela festa ou não.

Tenho dois filhos homens, o que me deixa um pouco de lado dos agitados 15 anos. Mas como parte de uma boa e grande família italiana, tenho nove sobrinhas. Portanto, sei muito bem sobre o que estou falando. Por mais que a festa de 15 anos possa parecer uma coisa antiquada, ela continua firme no imaginário e no sonho feminino. Talvez por ser um rito de passagem, ou porque neste dia a garota se torna o centro das atenções, ou simplesmente por a balada ser boa, a verdade é que as meninas gostam e muito. Tanto de dar uma festa, quanto de ir a muitas festas. O motivo, aqui, não importa. Vou abordar o assunto de forma prática.

Ir a festas de 15 anos significa vestidos – muitos vestidos. Alguns longos, outros curtos, outros com brilho... Como elas se multiplicam a cada final de semana, os vestidos também têm que se multiplicar. Com eles, todos os acessórios necessários: bolsinha, sapato, cabelo, maquiagem, depilação, unhas... Por mais que sua filha e você batam um bolão com o secador de cabelo, tudo isso significa um investimento. Pode se preparar.

Enquanto a questão é ir a festas de 15 anos, tudo é contornável. A coisa se complica quando sua filha resolve dar uma festa. Antes de dizer que sim, pense bem.

1. Descubra qual é o sonho dourado dela e calcule se tem orçamento para realizá-lo. Se não tem, o jeito é dizer não claramente.

2. Se o orçamento está quase lá, negocie com ela a possibilidade de fazer uma festa mais pé no chão. Dê uma olhada no que falei sobre festinhas em bufês (veja "Festa das Arábias" na página 177). É possível fazer uma festa animada com menos dinheiro. Minhas sobrinhas deram uma com DJ, *barman* malabarista, com coquetéis quase sem álcool e valsa. Para comer foram servidos hamburguinho, cachorro-quente e pastel (os jovens não estão lá para comer). Foram encomendados doces de festinha de criança, que é o que eles gostam. A festa foi dada no salão da casa da minha mãe – poderia ter sido no do prédio –, foi mega-animada e acabou às 6 da manhã! Portanto, dá para fazer de forma econômica!

3. Tente aquela velha opção de trocar a festa de 15 anos por uma viagem – muitas vezes cola. Use os argumentos de que sai mais barato (isso vai depender da festa e da viagem, é claro), dá me-

nos trabalho (sem dúvida) e dura muito mais (idem, idem). Ela vai ter de fazer as contas emocionais, pensar se quer ter as lembranças de uma noite com os amigos ou várias imagens dela pelo mundo. E decidir.

Festa de 15 anos custa caro. Realmente dá trabalho. Mas devo dizer: que é uma curtição, isso é.

P.S.: Se você for a feliz mãe de meninos, fique sabendo: eles em geral não dão festa de 15 anos. A roupa é a mesma para todas as festas: terno azul-escuro, que você deve comprar ou alugar num lugar bem econômico porque depois de duas horas eles já tiraram o *blazer* (reze para ele não perdê-lo) e estão se acabando na pista de dança – afinal, ninguém está lá para olhar os meninos e, sim, as meninas. Melhor ainda, eles não precisam de cabeleireiro e estão sempre com o mesmo sapato. Uma facilidade!

DE GRÃO EM GRÃO... UMA VIAGEM NA MÃO

É possível guardar dinheiro para mandar o filho num intercâmbio sem estourar o orçamento familiar

Às vezes a gente não repara como o tempo vai passando de repente. Tenho uma afilhada que ontem mesmo tinha acabado de nascer e já passou dos vinte anos! Incrível! (Nem vou comentar como me senti velhinha...) Quando a Mariana nasceu, eu tinha começado a trabalhar. Estava rica – quer dizer, ganhava mais do que minha mesada, morava com meus pais, meu dinheiro rendia que era uma beleza. Decidi abrir uma poupança para ela com a ideia de depositar uma quantia fixa por mês, e depois dos 15 anos ela poderia fazer uma viagem de intercâmbio com aquele dinheiro. Achava que seria um ótimo presente – ideia que se provou superacertada. Na época não fiz uma conta muito metódica, estipulei um valor e comecei a poupar. Por conta da correria, abri a poupança em nome da Mariana e de minha mãe, o que no futuro se provou uma boa estratégia, pois, quando precisei rapelar todas as economias para comprar minha casa, a poupança dela ficou intacta. Como diz o ditado: fui guardando de grão em grão.

Mariana fez 15 anos, os pais achavam que ela não estava preparada para viajar, deixei o dinheiro lá e o tempo foi passando. Entrou na faculdade e, de repente, decidiu que finalmente queria fazer sua viagem. Há um tempo eu não depositava nada naquela poupança, e ela ficou lá rendendo. Mas tivemos uma boa surpresa: o saldo era suficiente – exatamente a quantia que Mariana precisava para passar três meses no Canadá, com escola, casa, comida e passagem. A experiência foi dez. O melhor é que todo mundo resolveu dar uma turbinada na viagem. A família, o padrinho, os amigos foram dando uma força.

Nos três meses canadenses, além de estudar, Mariana fez bastante turismo – passou o *Réveillon* com amigas do curso em Los Angeles, nos Estados Unidos, esquiou e se divertiu de montão. Conheceu gente do mundo todo, teve uma experiência única, ficou mais independente e cresceu como pessoa. Devo confessar que fiquei bem contente com o fato de a minha ideia ter dado certo. Pegue uma máquina de calcular e faça umas contas. Não precisa ser um *expert* em economia, faça a grosso modo: separe um valor que seja confortável para dar a cada mês, multiplique por 12 (um ano), depois pelo número de anos (15, 18 ou 21, por exemplo) dividido por dois e depois acrescente uns 6% em cima do resultado.

Por exemplo:

$$R\$\ 70{,}00 \text{ (valor mensal) } \times 12 \text{ (um ano) } \times \frac{18 \text{ (n° de anos)}}{2} \times 6\% = R\$\ 8.013{,}60$$

Faça as contas e calcule quando será possível dar essa viagem.

É claro que a economia do país (e do mundo) pode dar uma virada. No meu caso, por exemplo, nesses vinte anos tivemos muitos turbilhões, inclusive o confisco da era Collor, lembra? Mas acredito que a vida da gente também dá voltas, aí você pode aumentar a quantia do depósito, dar um bônus num ano especial, pedir uma contribuição de outra pessoa... Basta criar o compromisso e apostar. Que tal pensar numa poupança-viagem para cada filho?

P.S.: Devo admitir que a técnica funciona melhor em proporção inversa ao número de beneficiários. Hoje eu tenho quatro afilhados, consegui guardar o mesmo valor para os dois primeiros, já para os dois últimos tive de convencer o padrinho – nestes casos, meu marido – a colaborar também.

CONSÓRCIO É A SOLUÇÃO

Uma tática para dar um carro a seu filho quando ele completar dezoito anos sem se descapitalizar

Tenho uma conhecida, a Nayla, que, quando sua filha Daniela fez 13 anos, ela entrou num consórcio. A ideia foi de seu ex-marido Marco Antonio e pai da Dani, que pretendia comprar um carro para a filha quando ela completasse 18 anos. Eles escolheram um modelo básico, num grupo de cinco anos (ou sessenta meses, como os consórcios gostam de falar), e só lembravam do assunto no dia do mês em que deviam pagar a prestação. A quantia não era muito alta, a obrigação fazia com que eles pagassem em dia e, assim, meio que compulsoriamente, foram comprando o carro para a filha. Deu certo. Hoje Dani desfila orgulhosa com seu Pegeout 206.

Logo que ouvi essa história, achei uma loucura. Para que fazer um consórcio se eles podiam simplesmente guardar o valor da prestação numa outra aplicação sem pagar taxa de administração? Mas a resposta do casal é igual à de muitas outras pessoas para as quais fiz a mesma pergunta: com o compromisso assumido, vem a obrigação de pagar. Ou seja, o consórcio ajuda muito a quem não consegue ter disciplina financeira necessária para economizar. Se você é do tipo de pessoa que começa bem-intencionada, mas que a qualquer desculpa esquece o objetivo ou acaba gastando o dinheiro guardado, o consórcio pode ser a solução. Outra vantagem – que não foi o caso da Nayla, já que ela teria de esperar cinco anos para a filha poder tirar a Carteira de Habilitação – é a possibilidade de ser sorteado e receber o carro antes de pagar todas as prestações.

Sabia que o consórcio é uma invenção brasileira? É um sistema que reúne um grupo de pessoas (físicas ou jurídicas) com interesse comum para comprar bens ou serviços, por meio de autofinanciamento, em que o valor do bem é diluído num prazo predeterminado. Para adquirir uma cota de consórcio, o cliente deve assinar um contrato de adesão, no qual estarão regras como: taxa de administração, prazo de contratação, valor das prestações, reajuste das prestações e do saldo devedor, condições de contemplação, direitos e obrigações... Os consorciados podem antecipar o recebimento do veículo por meio de um lance ou de sorteios, que acontecem a cada mês. Se for contemplado, recebe uma carta de crédito, que pode ser trocada pelo carro a qualquer momento, até o final do grupo.

A vantagem é que o consórcio é uma opção praticamente sem juros, mas com taxas como a administrativa (que varia de acordo com cada empresa, modalidade do consórcio e prazo do plano) e fundo de reserva para inadimplência (que se sobrar no final é devolvido aos consorciados). Outra vantagem que acontece algumas vezes é poder comprar pelo preço de tabela um carro que só existe no mercado com ágio. Mas atenção, antes de entrar num grupo é preciso ter certeza de que está investindo seu dinheiro com segurança, ou seja, checar a idoneidade da empresa que oferece o serviço. O Banco Central do Brasil é o órgão responsável pela regulamentação do setor, por isso é preciso saber se a administradora escolhida recebeu autorização emitida pelo banco. Muitas vezes são os próprios bancos que oferecem o serviço e a prestação é feita com débito em conta, o que facilita.

Sabendo de tudo isso, basta decidir se quer seguir o exemplo da Nayla e do Marco Antonio e pensar com antecedência nos 18 anos de seu filho. Pode ser uma ótima ideia!!

P.S.: Antes de resolver dar um carro, lembre-se de que ele não é um gasto estanque, comprou e pronto. O carro significa novos custos para sempre: combustível, manutenção, documentação, imposto, seguro e até multas ou batidas (faz parte do aprendizado da direção). Por isso, é melhor fazer as contas direitinho para checar se será possível encarar mais essas despesas. Se a resposta for positiva, lembre-se de combinar com seu filho uma metodologia para o pagamento dos custos fixos. Você pode definir um tanto por semana para gasolina, e o que ultrapassar será pago por ele. Coloque um limite no número de multas – até porque ele pode perder a carta. E crie sanções para batidas. Use o carro como um delicioso presente, mas com responsabilidades.

SEU BEBÊ: UM ADULTO GARANTIDO

Guardando 100 reais por mês, você ajuda seu filho a ingressar no mercado de trabalho depois da faculdade.

Por conta de escrever sobre dinheiro, eu acabo sendo convidada para algumas palestras e *workshops* sobre finanças. No começo, me considerava um peixe fora d'água. Afinal, não sou jornalista de economia, mas acabei notando que minhas dúvidas e indagações eram, muitas vezes, parecidas com as dos meus colegas. Desprovida do linguajar característico da profissão, porque é claro que os jornalistas de economia têm um vocabulário próprio, fui me inteirando do assunto.

De qualquer forma, comecei a me animar com esse tipo de evento. Participei de um sobre previdência privada que tinha uma característica bem interessante: a ideia era encontrar soluções para as novas gerações. Para tanto, os pais fariam um plano de previdência. A proposta era que o filho pudesse usufruir do plano logo que se formasse, no momento de encarar o mercado de trabalho. Longe de sugerir que ele se aposente antes de trabalhar, nada disso. A proposta era facilitar a entrada na profissão.

Você conhece algum jovem que acabou de sair da faculdade e está desempregado? Pois eu conheço alguns, tive até uma sobrinha que passou por essa situação. É difícil, o recém-formado lá, cheio de gás para trabalhar, mas sem um lugar que precise dos seus préstimos. Frustrante. Para piorar, a família, que até então tinha apostado na educação daquele jovem, fica esperando que ela frutifique e se sente um pouco incomodada por continuar tendo de sustentá-lo – emocional e financeiramente. No entanto, hoje em dia já está mais do que provado que dar educação não é mais suficiente para que seu filho se vire no mercado de trabalho. As exigências aumentaram.

É nesta hora que entra a previdência. Ela pode garantir certa independência para o recém-formado nesse período. Significa que ele poderá ter uma renda, enquanto não ganha a própria, o que permitirá que ele aceite um emprego mal-remunerado, mas que vai trazer experiência e contatos para depois melhorar de posição. Ou ainda, pode ser o capital necessário para que ele monte um negócio próprio. Minha sobrinha, por exemplo, é fera com os doces *light*, se tivesse esse dinheiro disponível, poderia ter aberto uma loja. A aplicação pode ter valores diferentes e, conforme a quantia e o tempo, o resultado pode ser bem sedutor.

Um plano de previdência oferece mais algumas vantagens:

- Você define quanto investir, podendo fazer aportes mensais ou extras a qualquer momento.

- Maior eficiência fiscal, pois quanto mais longo for o prazo de aplicação, menos imposto será pago. Começa com uma alíquota de 35% com redução de 5% a cada ano até atingir 10% para prazos acima dos dez anos.

- Não acarreta imposto de renda na fase do investimento.

- Os ganhos nos planos de previdência são maiores do que os da poupança e dos fundos de investimentos.

- E o mais importante: se seu filho arranjar um bom emprego ao se formar (oba!), você mantém seu investimento.

EPÍLOGO

É COM VOCÊ!

Depois de ler todas essas páginas, acho que ficou evidente que a educação financeira de seu filho faz parte de uma das facetas do grande verbo "educar", que significa preparar as crianças para a vida adulta. Nossa função primordial como pais. Talvez em nenhuma das situações cotidianas com a criança seu exemplo seja tão fundamental quanto no aspecto financeiro. Afinal, aos olhos do pequeno, o mundo das cifras é um assunto de gente grande, e papai e mamãe é que sabem como lidar com ele, são os "sabe-tudo" nesse departamento. Depois, mais para a frente, quando seu filho crescer, ele também reverenciará sua capacidade de administrar o seu dinheiro e a sua facilidade em fazer escolhas.

Por mais que a escola ofereça aulas de educação financeira, que seu rebento tenha nascido com um tino para a negociação, ou que seja pão-duro de nascença, não adianta, repito, a missão de transformar aquela criança num adulto responsável é exclusivamente sua. Não dá para fugir.

Será você que terá de ensinar o que é o dinheiro, para o que serve e como consegui-lo. Depois virá a importância de administrá-lo bem, criando um planejamento que considere gastos, economias e investimentos. Tudo isso no tempo certo e na maneira adequada de abordagem, contemplando as diferentes etapas de crescimento. O que significa, por exemplo, perceber a hora certa de dar a mesada.

Só tendo intimidade com todas essas questões seu filho aprenderá a lidar com o dinheiro, a fazer escolhas, sabendo calcular os riscos e os benefícios, e a se planejar para alcançar suas metas. Diferentemente do que muitos pais pensam, falar de grana não pode ser um tabu em nenhuma idade. Um menino de cinco anos ainda não entende sobre o mecanismo de crédito e de débito das negociações, mas já tem idade para ouvir sua explicação sobre o dinheiro que está lá no banco, e que você vai buscar de vez em quando no caixa eletrônico. Mais adiante ele vai gostar de saber que o dinheiro não sai da máquina por um passe de mágica, ao contrário, é uma quantia que você recebeu porque trabalhou. Quando forem adolescentes serão capazes de entender o orçamento da casa, talvez não em suas minúcias, mas com consciência. Essas são formas de explicar a seu filho que dinheiro não dá em árvore e também um modo eficaz de permitir que ele interaja com o assunto, como outros da rotina da sua família.

Em qualquer idade, é importante que ele aprenda o mecanismo da poupança, seja ela do jeito que for, a partir do seu cofrinho de moedas. A necessidade de economizar para ter um benefício depois, que vai de gastar conscientemente aquele dinheiro a apenas sentir segurança com o futuro.

Tudo isso é fundamental para ele ter uma vida econômica saudável e administrá-la bem, a fim de que consiga colocar o dinheiro no verdadeiro lugar no seu dia a dia, tenha noção de que o dinheiro é um meio para alcançar seus objetivos, mas não é o objetivo em si, e que merece respeito, mas não reverência.

Conheça outros títulos da Panda Books:

PANDA BOOKS